ADOLPHE JOANNE

GÉOGRAPHIE
DE
LA MARNE

12 gravures et une carte

Joanne, Adolphe
Géographie de la Marne

39325

HACHETTE ET CIE

GÉOGRAPHIE

DU DÉPARTEMENT

DE

LA MARNE

AVEC UNE CARTE COLORIÉE ET 12 GRAVURES

PAR

ADOLPHE JOANNE

AUTEUR DU DICTIONNAIRE GÉOGRAPHIQUE ET DE L'ITINÉRAIRE
GÉNÉRAL DE LA FRANCE

PARIS

LIBRAIRIE HACHETTE ET Cie

79, BOULEVARD SAINT-GERMAIN, 79

1880

Droits de traduction et de reproduction réservés.

TABLE DES MATIÈRES

DÉPARTEMENT DE LA MARNE

I	1	Nom, formation, situation, limites, superficie.	3
II	2	Physionomie générale.	5
II	3	Cours d'eau	10
IV	4	Climat.	18
V	5	Curiosités naturelles.	19
VI	6	Histoire.	19
VII	7	Personnages célèbres.	41
VIII	8	Population, langue, culte, instruction publique.	44
IX	9	Divisions administratives	45
X	10	Agriculture ; productions.	49
XI	11	Industrie ; produits minéraux.	52
XII	12	Commerce, chemins de fer, routes.	55
XIII	13	Dictionnaire des communes.	56

LISTE DES GRAVURES

1	Ay et la Montagne de Reims.	7
2	Église Saint-Remi, à Reims.	23
3	Cathédrale de Reims.	29
4	Monument commémoratif à Sainte-Menehould	39
5	Cathédrale de Châlons.	59
6	Église Notre-Dame, à Châlons.	61
7	Hôtel de ville de Châlons.	63
8	Église de Dormans.	65
9	Château Périer, à Épernay.	67
10	Hôtel de ville de Reims.	73
11	Fontaine Godinot, à Reims	75
12	Vitry-le-François	79

580. — Typographie A. Lahure, 9, rue de Fleurus, à Paris.

DÉPARTEMENT DE LA MARNE

I. — Nom, formation, situation, limites, superficie.

Le département de la Marne doit son *nom* à l'une de ses rivières, la Marne, qui le traverse du sud-est au nord-ouest, sur une longueur de 127 kilomètres, et qui y baigne trois chefs-lieux d'arrondissement, Vitry, Châlons, Épernay.

Il a été *formé*, en 1790, de pays appartenant à la **Champagne**, l'une des provinces dont se composait la France avant sa division en départements. Ces pays étaient la *Champagne Pouilleuse*, ou Champagne proprement dite, autour de Châlons ; le *Rémois*, autour de Reims ; le *Perthois* et le *Vallage*, à l'est du département, et la *Brie*, à l'ouest. D'autre part, une publication officielle, la *Statistique de la France, territoire et population* (1856), donne, comme ayant formé la Marne, trois pays seulement, qui sont : la **Champagne propre**, ayant fourni près de 540,000 hectares, ou les deux tiers du département ; le **Rémois**, qui en a fourni de 140,000 à 150,000 ; le **Châlonnais**, qui a contribué pour plus de 150,000.

Il est *situé* dans la région du nord-est. Depuis que l'Alsace-Loraine a dû être cédée à l'Allemagne, deux départements seulement, la Meuse et Meurthe-et-Moselle, le séparent de l'Allemagne ; deux aussi, l'Aisne et la Somme, le séparent de la Manche, l'une des quatre mers qui baignent les rivages de la France ; trois, l'Aube, l'Yonne et la Nièvre, le séparent du Cher, département qui occupe assez exactement le centre de notre pays; six le séparent de l'Océan Atlantique, Seine-et-Marne, Seine-et-Oise, Eure-et-Loir, Sarthe, Maine-et-Loire, Loire-Inférieure; six également le séparent de la Méditerranée, Aube, Côte-d'Or, Saône-et-Loire, Rhône, Ardèche et Gard; enfin, son chef-lieu, Châlons, est à 173 kilomètres à l'est de Paris par le chemin de fer, et à 148 en ligne droite, à travers deux départements, Seine-et-Marne et Seine-et-Oise.

Le département de la Marne est traversé, du nord au sud, tout près de Châlons, par le 2ᵉ degré est du méridien de Paris; dans le sens contraire, c'est-à-dire de l'ouest à l'est, il est coupé par le 49ᵉ degré de latitude septentrionale : il est donc un peu plus près du Pôle que de l'Équateur, séparés l'un de l'autre par 90 degrés ou par un quart-de-cercle. Il va de 1°5' à 2°40' de longitude E., et de 48°31' à 49°26' de latitude N.

La Marne est *bornée* : à l'ouest, par les départements de Seine-et-Marne et de l'Aisne; au nord, par celui des Ardennes; à l'est, par celui de la Meuse; au sud, par ceux de la Haute-Marne et de l'Aube. Sauf çà et là, sur de courts espaces, un ruisseau ou une rivière, ses limites sont conventionnelles.

Sa *superficie* est de 818,044 hectares, c'est-à-dire supérieure de plus de 200,000 hectares à la moyenne des départements français : sous ce rapport, c'est le neuvième département de la France; en d'autres termes, huit seulement sont plus étendus. Sa forme est une sorte de parallélogramme irrégulier. Sa plus grande *longueur* est de 118,500 mètres, de la frontière des Ardennes (près de Binarville) à celle de l'Aube (près de Lurcy); on en compte 116,500 entre la limite de l'Aisne (près de Fismes) et celle de la Haute-Marne (près de Champaubert-aux-Bois) : ces deux longueurs sont des diagonales tirées, l'une du nord-est au sud-ouest, l'autre du nord-ouest au sud-est. De l'ouest à l'est, parallèlement aux degrés de latitude, la plus grande longueur, sous le parallèle de Fère-Champenoise, est d'environ 112 kilomètres; sous celui de Châlons, elle est d'un peu plus de 100; sous celui de Reims, d'à peu près 95. Du nord au sud, sa *largeur* varie entre 92 ou 95 kilomètres (sous les méridiens de Montmort et d'Épernay) et 60 ou un peu plus (sous celui de Sainte-Menehould). Son *pourtour* peut être évalué à 550 kilomètres.

II. — Physionomie générale.

La Marne comprend trois espèces de terrains : au centre, le pays est formé par la craie supérieure ; à l'est, domine la craie inférieure avec les grès verts ; à l'ouest, règnent les terrains tertiaires du bassin de Paris. De ces trois natures de terrains, celle qui couvre le plus d'espace est la craie supérieure, à laquelle appartient presque la moitié du département.

Bien qu'il offre quelque variété, le département de la Marne, dans l'ensemble, est plat ; et, s'il a de hautes collines, il ne possède point de vraies montagnes.

La plus élevée de ces collines se dresse dans la **Montagne de Reims**, massif boisé compris, au nord-ouest du département, entre la Marne et la Vesle, et s'abaissant sur l'une et l'autre rivière, par des coteaux qui donnent des vins renommés, tels que celui d'Ay. Par la nature de ses terrains (argiles, calcaires, silex, meulières, argiles à lignites, sables, etc.), la Montagne de Reims relève de la région géologique appelée bassin de Paris.

Le point culminant du département se nomme la **Montagne de Verzy** : il se dresse au-dessus de Verzy, au sud-est de Reims, à 280 mètres de hauteur, à l'origine de ravins qui se dirigent vers la Vesle, au-dessus de la vaste plaine de la Champagne Pouilleuse. Le point le plus bas du département, dans la vallée de l'Aisne, au nord de Cormicy, étant à 50 mètres, la pente totale du territoire est donc de 230 mètres.

Dans cette même Montagne de Reims, à 8 kilomètres à l'ouest-nord-ouest de la colline de Verzy, au sud de Reims, le **Mont-Joly** à 274 mètres : le chemin de fer de Reims à Épernay le traverse par un tunnel long de 3500 mètres.

A l'ouest, au nord-ouest, vers le département de l'Aisne, la Montagne de Reims se prolonge par des collines d'où coulent des affluents de droite de la Marne, et l'Ardre, affluent de gauche de la Vesle : ces collines forment un pays assez varié, qui s'appelait autrefois le **Tardenois**, nom qui survit dans Villé-en-Tardenois, chef-lieu de canton de cette partie de la Marne. — La Vesle sépare, au nord, la Montagne de Reims de la **Montagne de Saint-Thierry**, dont les pentes inférieures donnent aussi de bons vins : ce massif, compris entre la Vesle, au sud, et l'Aisne, au nord, a pour point culminant un mamelon de 218 mètres.

La rivière de Vesle sépare aussi la Montagne de Reims de deux massifs auxquels leur isolement sur la plaine de la Champagne Pouilleuse donne un grand caractère, les massifs de Berru et du Mont-Haut : le **Mont de Berru**, à 10 ou 11 kilomètres à l'est de Reims, au-dessus de Berru ou Béru, qui lui a valu son nom, de Nogent-l'Abbesse, et non loin de Beine, a 267 mètres. Le **Mont-Haut**, appelé aussi *Mont-Ham* (?) ou *Point de Vue*, à une vingtaine de kilomètres à l'est-sud-est de Reims, sur le faîte entre la Vesle et la Suippe comme le Mont de Berru, a 257 mètres.

La Montagne de Reims plonge sur la rive droite de la Marne ; de l'autre côté de la rivière, sur la rive gauche, s'élèvent aussitôt des collines de même nature, appartenant également au bassin de Paris. Ces collines se déroulent au sud jusqu'à la Seine ; à l'ouest, elles prennent le nom de **Brie** en s'approchant des frontières de l'Aisne et de Seine-et-Marne, département où elles s'abaissent pour devenir un plateau célèbre par sa richesse en grains : plateau qui va de la rivière de la Marne au fleuve de la Seine.

Ce massif n'est pas seulement semblable à la Montagne de Reims par sa contexture géologique : il domine aussi, comme elle, par des pentes abruptes, la plaine monotone de la Champagne Pouilleuse, et ses versants inférieurs produisent également des vins estimés. Au nord il s'appelle Montagne de Vertus, au sud Montagne de Sézanne.

La **Montagne de Vertus** est boisée ; elle porte les forêts d'Épernay, d'Enghien, de Vassy, de la Charmoye, de

Ay et la Montagne de Reims.

Montmort, de Vertus ; quelques-unes de ses croupes dépassent 250 mètres, beaucoup 240 : le *Bois de la Houppe* et le *Moulin de la Madeleine*, au-dessus de Vertus même, ont tous les deux 240 mètres. Le **Mont-Aimé**, haut également de 240 mètres, à 4 ou 5 kilomètres au midi de Vertus, est isolé du reste du massif par un col profond où passe la route de Paris à Châlons.

Les marais plus ou moins desséchés de Saint-Gond et le val du Petit-Morin séparent la Montagne de Vertus de la **Montagne de Sézanne** : celle-ci, dominant aussi d'une certaine hauteur la Champagne Pouilleuse, porte la forêt de la Loge, la vaste forêt de la Traconne et d'autres bois ; ses sommets les plus élevés ont de 200 à 235 mètres (au *Moulin d'Allemant*) ; son coteau le plus curieux, qui, pareil au Mont-Aimé, est isolé par un col de l'ensemble du massif, s'appelle le **Mont-Août** (221 mètres) : il se dresse au sud de Broussy-le-Grand ; le sommet de cette élévation boisée est un plateau d'environ 40 hectares.

Ainsi, tout l'ouest de la Marne est occupé par des massifs de coteaux relevant géologiquement du bassin de Paris et dominant à une certaine hauteur la grande plaine champenoise ; de même, tout l'est du département, de l'autre côté de ladite plaine, se compose de collines appartenant uniformément à la craie inférieure et au grès vert : collines qui, du nord au sud, font partie de l'Argonne, du Perthois, du Bocage.

L'**Argonne**, qui s'étend également sur le département des Ardennes, et surtout sur celui de la Meuse, est une chaîne boisée reliant les calcaires du plateau de Langres aux schistes du plateau des Ardennes. C'est une contrée pauvre en grandes sources et cependant essentiellement humide, dont les petits ruisseaux sinueux renforcent la rivière de l'Aisne. Sur le territoire de la Marne, entre l'Aisne et son affluent la Biesme, elle porte une vaste forêt, la forêt d'Argonne ; et plus au sud, sur la rive gauche de l'Aisne, la forêt de Belval, qui borde l'étang du même nom, vaste de 250 hectares (c'est le plus grand du département). Sa cime la plus haute est la **Côte**

des Cerfs (263 mètres), au sud-est de Sainte-Ménehould, au nord de Passavant. — Au nord-ouest de Ste-Ménehould, sur les deux rives de la Dormoise, tributaire de gauche de l'Aisne, aux limites du département des Ardennes, l'Argonne touche au petit pays qu'on appelait autrefois le **Dormois**.

Au sud du bassin de l'Aisne, le pays, limitrophe de la Meuse, où coulent la Saulx, l'Ornain et leurs affluents, contrée féconde, se nomme le **Perthois**, de Perthes, petite ville de la Haute-Marne. Le cours de la Marne le sépare d'une région, féconde aussi, qui s'étend jusqu'aux frontières de l'Aube et de la Haute-Marne. Cette région, le **Bocage**, boisée et parsemée d'étangs, est la portion nord du **Vallage**, pays qui s'étend surtout dans la Haute-Marne (autour de Joinville) et l'Aube (autour de Bar-sur-Aube). Ni le Perthois, ni le Bocage n'ont de hautes collines : dans la vaste forêt de Trois-Fontaines, tout près de la Meuse et de la Haute-Marne, au-dessus de la source de la Bruxenelle, le *Coteau de Lembroie* a 219 mètres; le *Mont de Fourche* (194 mètres) domine le confluent de la Saulx et de la Chée, à Vitry-le-Brûlé.

C'est entre ces massifs de l'est et ceux de l'ouest, entre ce qui fut la Lorraine et ce qui touchait à l'Ile-de-France, que s'étend la **Champagne Pouilleuse**, plaine qui couvre presque la moitié du département de la Marne, 406,000 hectares, sur 818,000, sans compter ce qui lui appartient dans l'Aube et dans les Ardennes. Autrefois peu fertile, elle est devenue productive grâce aux soins éclairés des agriculteurs; on utilise la partie la plus ingrate de son sol sec et poreux, en y plantant diverses espèces de résineux qui, çà et là, forment déjà des bois d'une certaine étendue et contribuent à enrichir le pays; d'autre part, les engrais ont amélioré ce sol de craie blanche (cette roche, ici, a jusqu'à 400 mètres de puissance). Quelque dépréciée que soit cette région, elle offre cependant quelques sites agréables le long de ses rivières et de ses ruisseaux, qui sont fort peu nombreux, — comme aussi les sources y sont très-rares, — mais dont l'abondance est grande.

III. — Cours d'eau.

Le département de la Marne appartient tout entier au bassin de la Seine.

La **Seine**, fleuve de 776 kilomètres de longueur, dans un bassin de 7,750,000 hectares, naît à 471 mètres d'altitude, dans le département de la Côte-d'Or, à une trentaine de kilomètres, à vol d'oiseau, au nord-ouest de Dijon; elle baigne Châtillon (Côte-d'Or), Bar, Troyes, Nogent (Aube), Melun (Seine-et-Marne), Corbeil (Seine-et-Oise), Paris (Seine), Mantes (Seine-et-Oise), les Andelys (Eure), Elbeuf, Rouen (Seine-Inférieure) et se jette dans la Manche par un estuaire de 10 kilomètres de largeur, ouvert entre le Havre et Honfleur. Elle n'appartient au département de la Marne que pendant 10 ou 12 kilomètres; elle y baigne Conflans, Marcilly, où elle reçoit l'Aube et devient navigable pour les embarcations qui n'exigent pas plus de 50 centimètres d'eau.

L'**Aube**, rivière qui donne son nom à un département, n'a guère non plus qu'une douzaine de kilomètres sur le territoire de la Marne. Son cours total est d'environ 225 kilomètres; à son confluent avec la Seine, à Marcilly, par 71 mètres d'altitude, elle est plus longue et plus large que sa rivale, et peut-être un peu plus abondante : à l'étiage, c'est-à-dire aux eaux très-basses, après les longues sécheresses, les deux cours d'eau roulent à peu près 3 mètres cubes et demi, ou 3,500 litres d'eau par seconde.

L'Aube, dont le nom veut dire la Blanche (*Alba*, en latin), et dont les eaux sont, en effet, très claires, n'arrose qu'une ville de la Marne, Anglure. Droye, Meldançon, Puis, Superbe, Saudoy, ainsi se nomment les ruisseaux de son bassin qui ont tout ou partie de leur cours dans le département.

La *Droye*, venue de la Haute-Marne, de la forêt du Der, arrose Champaubert, puis Giffaumont, et passe dans le département de la Haute-Marne, pour aller s'unir à la Voire, affluent de l'Aube, sorti de la grande source de Somme-Voire. Elle recueille les eaux d'un grand nombre d'étangs; un de ses affluents, la *Varanne*, sort de l'étang du Grand-Broué, près de Châtillon. — Le *Meldançon* ou Meldanson, également sorti d'étangs, reçoit le *Lignon*, grossi du *Sois*, et, au-dessous de ce confluent, entre dans le département de l'Aube. — Le *Puis* commence à Sommepuis et sort de la Marne pour entrer dans l'Aube en aval de Brébant. La carte de l'État-major écrit *Puits*. — La *Superbe*, qui porte aussi le nom de *rivière des Auges*, est une dérivation du Grand-Morin (*V.* ci-dessous), rivière appartenant au bassin de la Marne. Cette dérivation part du vallon de Mœurs, va baigner Sézanne, et quitte aussitôt les collines pour la plaine de Champagne. A Pleurs, elle s'unit à un gros ruisseau, la *Pleurre*, que forme, un peu en amont, la réunion de la Vaure et de la Maurienne : la *Vaure*, née à Vaurefroy, passe à Fère-Champenoise ; la *Maurienne* s'appelle aussi *Semoine*, du village du département de l'Aube dans lequel elle prend sa source. Elle porte à l'Aube, sans tunnel, sans grande tranchée, des eaux que leur pente dirige vers la Marne ; elle a 35 kilomètres de cours (40 à partir de la source de la Vaure). — Le *Saudoy*, né près de Saudoy, est un faible ruisseau qui reçoit les eaux du bourg de Barbonne.

A quelque distance en aval de sa sortie du département, sur le territoire de l'Aube, près de Nogent, la Seine recueille un ruisseau qui vient de couler dans des prairies humides : c'est la *Villenauxe*, appelée aussi *Nauxe*, *Noxe*, et aussi *Vaunoise*, du nom de sa source, la *Font-Vaunoise*, qui est abondante. La Font-Vaunoise, près de Nesle-la-Reposte, jaillit dans le département de la Marne, mais presque tout le cours de la Villenauxe est dans l'Aube.

Les deux grandes rivières qui apportent à la Seine le tribut de presque tout le territoire de la Marne sont la Marne et l'Aisne.

La **Marne**, rivière longue de près de 500 kilomètres dans un bassin de 1,289,500 hectares, descend du plateau de Langres, d'une source qui jaillit à 381 mètres d'altitude, dans la propriété de la Marnotte ; décrivant un grand demi-cercle, par Langres, Chaumont-en-Bassigny, Saint-Dizier, Vitry-le-François, Châlons, Épernay, Château-Thierry, la Ferté-sous-Jouarre, Meaux, elle tombe dans la Seine à Charenton, aux portes de Paris. Comme l'Aube, c'est un affluent de droite ; son étiage est de 11 mètres cubes par seconde, son *module* ou débit moyen de 75 mètres ; ses crues varient de 600 à 1,000 mètres. Elle est navigable sur tout son cours dans le département, grâce surtout à un canal latéral qui, longeant la rive droite, porte des bateaux d'un tirant de 1ᵐ60 : ce canal s'embranche sur le canal de la Marne au Rhin, à 5,000 mètres au-dessous de Vitry, et finit en aval d'Épernay, près de Cumières.

Le cours de la Marne, dans le département qui porte son nom, est de 127 kilomètres : elle y pénètre, venant de la Haute-Marne, par 125 mètres environ d'altitude, près d'Ambrières, et en ressort pour entrer dans l'Aisne, par à peu près 65 mètres, en aval de Dormans. Elle y baigne Vitry-le-François, Châlons, Condé, où des machines peuvent puiser dans son lit 100,000 mètres cubes par jour pour le service des éclusées du canal de la Marne à l'Aisne ; Mareuil, Ay, Épernay, Cumières, Damery, Port-à-Binson, Mareuil-le-Port et Dormans.

Les ruisseaux ou rivières qui se déversent dans la Marne sur le territoire du département sont la Blaise, l'Isson, l'Orconte, la Saulx, la Guenelle, le Fion, la Moivre, la Coole, la Gironde ou Pisseleu, la Livre, la Somme-Soude, le Cubry, le Flagot, la Semoigne. Ceux qui n'ont qu'une portion de leur cours (portion supérieure) dans le département sont le Surmelin, le Petit-Morin et le Grand-Morin.

La *Blaise*, rivière de 80 kilomètres qu'utilisent un certain nombre de forges, a presque tout son cours dans la Haute-Marne, où elle arrose Vassy : elle se jette dans la Marne (rive gauche) tout près d'Arrigny.

L'*Isson*, affluent de gauche, ruisseau sans aucune espèce d'importance, naît à la fontaine d'Isson, et passe presque aussitôt à Saint-Remy-en-Bouzemont.

L'*Orconte*, affluent de droite, vient de la forêt des Trois-Fontaines. Il a 30 kilomètres ou un peu plus de longueur ;

appelé *Ru d'Or* dans une partie de son cours, il passe, à 1,800 mètres au sud de Thiéblemont, devant un village nommé comme lui Orconte ; il y reçoit la *Censière*.

La **Saulx**, tributaire de droite, a son embouchure à 1,200 ou 1,500 mètres en aval de Vitry-le-François ; c'est une rivière importante qui égale presque la Marne, du moins en temps d'étiage, car alors elle roule 2,500 litres par seconde, la Marne en débitant à peine 3,000. La Saulx, qui est limpide, a 115 ou 120 kilomètres, sur le territoire de trois départements, Haute-Marne, Meuse et Marne ; sur ces 120 kilomètres, 52 appartiennent à la Marne, où elle baigne Sermaize, Vitry-le-Brûlé, et recueille l'Ornain, la Chée, la Bruxenelle. — L'**Ornain**, plus long que la Saulx d'environ 25 kilomètres quand il la rencontre près d'Étrepy, a 120 kilomètres de cours : pur comme la Saulx, coulant comme elle dans la Hte-Marne, la Meuse et la Marne, il passe à Bar-le-Duc, et prête sa vallée au canal de la Marne au Rhin qu'il alimente en partie ; il n'a que 10 ou 12 kilomètres sur le territoire de la Marne. — La *Chée*, descendue de l'Argonne, partage assez exactement son cours de plus de 60 kilomètres entre la Meuse et la Marne, où elle arrose Heiltz-le-Maurupt et Heiltz-l'Évêque et se grossit, à Outrepont, de la *Vière* : celle-ci, longue d'une quarantaine de kilomètres, a pour affluent le *Vanichon*. — La *Bruxenelle*, longue de 40 kilomètres et tout entière dans la Marne (ainsi que la Vière), se forme dans la forêt de Trois-Fontaines ; elle passe à Cheminon, à Blesme, où elle reçoit le *Scrupt*, et tombe dans la Saulx à Vitry-le-Brûlé.

La *Guenelle*, affluent de gauche, naît, sous le nom de *Chéronne*, au-dessus de Saint-Chéron, coule dans un vallon peuplé, puis entre dans la vallée de la Marne ; mais, au lieu de se réunir à cette rivière, elle coule paresseusement dans des prairies humides, au pied des collines de la rive gauche, et, prenant le nom d'*Isson*, traverse de nombreux villages avant de gagner enfin la Marne, entre Thogny et Mairy, après un cours de 40 kilomètres.

Le *Fion*, tributaire de droite, long d'une vingtaine de kilomètres, naît à Bassu, reçoit la *Lisse* au-dessus de Saint-Amand et gagne la Marne à la Chaussée.

La *Moivre*, affluent de droite, commence au-dessus du village de Moivre, et passe à 2,500 mètres au sud de Marson. Elle longe le canal latéral à la Marne, reçoit la *Blaise*, née à Moncets, baigne Châlons et ne trouve son embouchure qu'à Saint-Martin-sur-Pré, c'est-à-dire à 18 kilomètres en aval de Pogny : aussi son cours a-t-il plus de 40 kilomètres.

La *Coole*, tributaire de gauche, est une rivière de 30 kilomètres, formée par des sources de la craie champenoise : née à Coole, elle a son confluent à Coolus, après avoir mis en mouvement un grand nombre de moulins et d'usines et traversé une dizaine de villages, notamment Écury-sur-Coole.

La *Gironde* ou *Pisseleu* (8 kilomètres), tributaire de gauche, naît à Thibie et finit au-dessous de Saint-Gibrien.

La *Livre*, affluent de droite, descend de la Montagne de Reims, passe à Louvois, emprunte le nom de *ruisseau de Mutry* à un village qu'elle traverse, et baigne Avenay. Son cours n'est que de 15 à 16 kilomètres.

La **Somme-Soude** est un affluent de gauche. Son nom réunit celui de ses deux branches mères, la Somme et la Soude. La *Somme* a pour origine une source considérable alimentée par la craie champenoise, et située au village de Sommesous ; celle de la *Soude*, également fort abondante, est à Soudé. Quand les deux petites rivières se rencontrent, la Somme a parcouru 30 kilomètres, traversé 8 villages et reçu la *rivière du Mont*, tandis que la Soude n'a guère que 20 kilomètres de cours et n'a baigné que 6 villages. De la réunion de ses deux branches à Jâlons, trajet d'environ 25 kilomètres, la Somme-Soude arrose 8 villages, reçoit le *Ladut*, la *Berle*, augmentée du *ruisseau de Vertus*. A Jâlons, elle se divise : le bras de droite va se perdre dans la Marne ; celui de gauche, prenant le nom de *rivière des Tarnauds*, coule encore pendant 20 kilomètres, à une distance de la rive gauche de la Marne qui varie entre 1,000 et 3,000 mètres, et, baignant 5 bourgs ou villages, ne se perd que dans la banlieue d'Épernay : de la source de la Somme à l'embouchure de la rivière des Tarnauds, le cours de la Somme-Soude est donc d'environ 75 kilomètres.

Le *Cubry*, tributaire de gauche, n'a que 10 à 12 kilomètres : il naît, sous le nom de *Sourdon*, à Saint-Martin-d'Ablois, dans la roche à meulières, en amont d'un beau château, d'une source qui donne 115 litres d'eau par seconde. Il reçoit le *Mancy* ou *rivière de Moslins* et traverse Épernay.

Le *Flagot*, affluent de gauche long d'un peu plus de 12 kilomètres, a son embouchure à Mareuil-le-Port.

La *Semoigne*, affluent de droite, a 15 à 18 kil. : elle se forme dans les collines du Tardenois et traverse Verneuil.

Le *Surmelin*, tributaire de gauche, a 25 kilomètres dans la Marne, 15 dans l'Aisne. Il sort d'étangs situés dans la forêt de la Charmoye et passe à Montmort et à Orbais. Il quitte le département au-dessous du Breuil ; en ce point de son cours, il roule en été 248 à 640 litres par seconde. Dans l'Aisne, il reçoit, à Condé-en-Brie, la *Dhuis*, ruisseau dont l'étiage est de 164 à 248 litres par seconde : les sources de la Dhuis et quelques-unes de celles du Surmelin ont été détournées sur Paris.

Le **Petit-Morin**, tributaire de gauche, est un cours d'eau de 85 kilomètres, dont 45 dans le département de la Marne, où il naît près de Morains-le-Petit. Aussitôt il s'engage dans les vastes *marais de Saint-Gond*, imparfaitement desséchés, et il les traverse dans toute leur longueur, sous forme d'un canal à longues lignes droites ; puis son vallon, se resserrant, devient profond, sinueux, pittoresque. Après avoir contourné la colline de Montmirail, il quitte la Marne où il a reçu le *Caberseau* et la *Vogue*, pour l'Aisne, puis pour Seine-et-Marne, où il se jette dans la Marne à la Ferté-sous-Jouarre.

Le **Grand-Morin**, affluent de gauche, a 120 kilomètres dont 45 dans la Marne et 75 en Seine-et-Marne. Il sort de la source de Lachy, à 5 kilomètres au nord de Sézanne, et coule d'abord au sud comme pour aller se perdre dans la Seine. Après avoir envoyé, sur la gauche, la dérivation qui, sous le nom de *rivière des Auges* (*V.* ci-dessus, page 11), devient un tributaire de l'Aube, il tourne vers le nord-ouest ; de plus en plus tortueux dans un vallon de plus en plus profond qui parfois est une véritable gorge, il passe entre la forêt de la Traconne (à gauche) et celle de la Loge-à-Gault (à droite) et va baigner Esternay où il reçoit le *Ru de la Noue ;* puis, grossi du *Ru de Bonneval*, venu de Tréfols, il entre en Seine-et-Marne pour y recueillir la plus forte source de tout le bassin de la Seine (celle de Chailly), y traverser Coulommiers et y tomber dans la Marne à Esbly. Son principal tributaire, l'*Aubetin*, a ses sources dans la Marne, près de Bouchy-le-Repos.

C'est par l'Aisne, affluent de l'Oise, que le reste des eaux du département de la Marne gagne le lit de la Seine.

L'**Aisne** est une rivière de 280 kilomètres de longueur, de 330 même en la prenant à la source d'un de ses affluents, l'Aire, et son bassin a près de 900,000 hectares : cependant elle cède son nom à un cours d'eau de 200 kilomètres seulement dans un bassin de 500,000 hectares ou un peu plus, à l'Oise, qui se perd dans la Seine à 25 kilomètres en aval de Paris. L'étiage de l'Aisne est de 9 mètres cubes par seconde.

Elle naît dans le département de la Meuse, à Sommaisne, par 230 mètres d'altitude, dans les collines boisées de l'Argonne ; elle n'a guère parcouru qu'une vingtaine de kilomètres quand elle entre dans la Marne, où son cours est de 55 à 60 kilomètres. Très-sinueuse, elle y côtoie la forêt de Belval et la forêt d'Argonne, elle y baigne Sainte-Ménehould, la Neuville-au-Pont, Servon, et passe dans le département des Ardennes. Avant de rencontrer l'Oise à 2 kilomètres au-dessus de Compiègne, elle arrose encore trois villes, Vouziers, Rethel et Soissons. Les ruisseaux ou rivières de son bassin qui ont tout ou partie de leur cours sur le territoire de la Marne sont l'Hardillon, l'Ante, l'Auve, la Bionne, la Biesme, la Tourbe, la Dormoise, la Suippe et la Vesle.

L'*Hardillon*, affluent de droite, est un petit ruisseau de l'Argonne venu de Triaucourt (Meuse).

L'*Ante* (25 kilomètres), affluent de gauche, recueille des eaux d'étangs ; elle passe à Givry-en-Argonne.

L'*Auve*, rivière d'une vingtaine de kilomètres, affluent de gauche, doit ses eaux à des sources de la craie champenoise ; elle a son embouchure à Sainte-Ménehould ; son tributaire, l'*Yèvre*, plus long qu'elle, au confluent, de 4 kilomètres, naît à Somme-Yèvre et baigne Dommartin.

La *Bionne*, affluent de gauche, a 15 kilomètres : elle commence à Somme-Bionne et finit à Vienne-la-Ville.

La *Biesme*, longue de près de 35 kilomètres, est un affluent de droite ; elle coule dans la forêt d'Argonne et sépare longtemps le département de la Meuse de celui de la Marne (comme elle séparait autrefois la Lorraine de la Champagne). Dans la Meuse elle baigne les Islettes, dans la Marne Vienne-le-Château.

La *Tourbe*, rivière de Champagne, naît à Somme-Tourbe et passe à Ville-sur-Tourbe. Son embouchure est en face de Servon, rive gauche. Elle communique avec la Dormoise par une branche appelée le *Sugnon*. Cours, 24 kilomètres.

La *Dormoise* naît à Tahure et passe à Cernay. Son embouchure (rive gauche) est dans le département des Ardennes. Cours, 18 à 20 kilomètres.

La **Suippe**, tributaire de gauche, née à Somme-Suippe, se dirige constamment vers le nord-ouest, dans un étroit vallon de prairies où elle fait mouvoir un très-grand nombre d'usines diverses, et où elle ne rencontre pas moins de 25 bourgs ou villages, entre autres Suippes, Pontfaverger, Warmériville, Boult. Au-dessous d'Auménancourt, au Pont-Givard, elle quitte la Marne, après un cours d'environ 60 kilomètres, pour entrer dans les Ardennes, y couler pendant une dizaine de kilomètres et se jeter dans l'Aisne à Condé-sur-Suippe. Elle reçoit : l'*Ain* à Saint-Hilaire-le-Grand ; — le *Py* à Dontrien ; — l'*Arne* (à Béthenville), où ont été faits des essais de pisciculture interrompus par la guerre de 1870 ; — le *ruisseau d'Époye*.

La **Vesle** ou *Vèle*, longue de 125 kilomètres environ, est un tributaire de gauche ayant son cours supérieur et son cours moyen (jusqu'en aval de Reims) dans la craie blanche, et son cours inférieur dans les terrains tertiaires du bassin de Paris. Comme la Vesle, elle coule vers le nord-ouest. Sa source est à

Somme-Vesle. Elle baigne Courtisols, Notre-Dame de l'Épine, Bouy, Sillery, Cormontreuil où ont été faits aussi des essais de pisciculture ; Reims, Jonchery, Fismes. En aval et près de cette ville, après 100 kilomètres de cours, elle entre dans le département de l'Aisne. Sur le territoire de la Marne, ses tributaires sont : la *Noblette* (20 kilomètres), qui longe le camp de Châlons ; — le *ruisseau de Mourmelon* ou *Cheneu*, qui traverse aussi le camp de Châlons ; — la *Prosnes* ; — l'*Ardre*, ruisseau d'une quarantaine de kilomètres qui descend de la forêt de la Montagne de Reims, coule au nord-ouest dans un profond vallon du Tardenois et se termine à Fismes.

IV. — Climat.

Par sa latitude (49ᵉ degré), le département de la Marne appartient essentiellement à la zone tempérée, et même à la zone tempérée froide, car elle est un peu plus près du Pôle que de l'Équateur.

On divise la France en sept climats : le *vosgien* (à Épinal, à Mézières), le *séquanien* (à Paris), le *breton* (à Brest), le *girondin* (de Nantes à Bayonne), l'*auvergnat* (à Limoges, à Saint-Flour, au Puy), le *rhodanien* (à Dijon, à Lyon) et le *méditerranéen* (de Port-Vendres à la frontière d'Italie). De ces sept climats, le *séquanien* est celui de la Marne : il doit son nom à la Seine, en latin *Sequana*, qui est la principale rivière de la région où il règne.

Grâce aux influences de la mer, qui a le privilége d'égaliser, d'adoucir les températures, le climat séquanien, et par cela même, le climat de la Marne, est moins froid que ne le comporterait la latitude. Les climats dits *maritimes*, comme le séquanien, le breton, le girondin, le méditerranéen, sont beaucoup plus tempérés que les climats dits *continentaux*, comme l'auvergnat, le rhodanien, le vosgien. D'autre part, le département est peu élevé au-dessus du niveau de la mer, et plus l'altitude d'un pays est forte, plus les froids y sont vifs, plus les changements de température y sont brusques.

Le climat séquanien a en moyenne des hivers assez doux (toutes exceptions à part, comme le terrible hiver de 1879-1880), des printemps variables, des étés chauds, de fort beaux automnes. Il est rare que le thermomètre y dépasse 35 degrés, rare également qu'il descende au-dessous de 15 ou 17 au-dessous de zéro (mais, dans le mémorable hiver de 1870-1871, on a noté — 25 à 30 degrés). La moyenne annuelle de Châlons est de 10°5, celle de Paris étant de 10°6 à 10°7.

La hauteur des pluies est de 59 centimètres à Châlons, 66 à Sainte-Ménehould, 78 à Montmort, — la moyenne de la France étant de 77 centimètres. — A Châlons, le nombre annuel des jours de pluie est de 155.

V. — Curiosités naturelles.

Sauf d'abondantes sources, sauf quelques ravins pittoresques, le département de la Marne ne possède pas de curiosités naturelles. On ne cite guère que le ruisseau de Trépail, qui fait mouvoir un moulin après un parcours souterrain de 2,400 mètres. Mais on rencontre de jolis paysages, de jolis points de vue dans les diverses « Montagnes » du pays, Montagne de Reims, Montagne de Saint-Thierry, Montagne de Vertus, Montagne de Sézanne, Argonne, forêt de Trois-Fontaines, etc.

VI. — Histoire.

Le pays qui forme aujourd'hui le département de la Marne a été primitivement occupé par un des peuples les plus importants de la Gaule, les *Rémois* ou *Rèmes*. Ce peuple faisait partie de la grande famille des Belges. Il tenait, au dire de César, la seconde place dans la Gaule par sa puissance et ses richesses. Les Rémois avaient des premiers noué des relations avec les Romains et s'étaient placés, dès l'arrivée de César, sous sa protection. Leur cavalerie, en l'année 54, joue un rôle actif dans la lutte contre le Trévire Indutiomare ; ils prirent aussi le rôle d'arbitres, et implorèrent la clémence de César en faveur de quelques peuples. Ainsi les Carnutes obtinrent une première fois leur grâce par l'entremise des Rémois, dont ils étaient les clients. Ce fut dans la principale ville des Rémois, à *Durocortorum* (Reims), que César assembla les députés des cités gauloises pour juger les instigateurs du soulèvement des Sénons et des Carnutes : ce fut là qu'il rendit des arrêts dont la rigueur ne contribua pas peu à provoquer le soulèvement général de l'année 52 av. J.-C. Mais les Rémois ne prirent aucune part à cette insurrection et, toujours dévoués aux Romains, ils les aidèrent à étouffer, après la chute d'Alesia, toutes les tentatives de révolte.

Cette rare et constante fidélité devait attirer sur la cité des Rémois la faveur et les bienfaits des empereurs romains. Aussi la ville de Reims ne tarda-t-elle pas à être ornée de nombreux monuments dont les débris attestent la splendeur. D'ailleurs sept voies romaines au moins se croisaient à Reims et mettaient la cité en communication directe avec toutes les parties de la Gaule.

Au milieu de l'anarchie qui suivit le siècle des Antonins, la Gaule se trouva presque séparée de l'Empire. Plusieurs généraux se donnèrent le titre d'empereurs, et la Gaule paraissait destinée à recouvrer son indépendance. Mais ces tentatives échouèrent, grâce à l'énergie et à l'activité des maîtres nouveaux de Rome, des empereurs dits illyriens, qui parvinrent à rétablir l'unité compromise du monde romain. Elles échouèrent aussi grâce à la faiblesse du dernier de ces prétendus empereurs gaulois, *Tetricus*, qui trahit sa propre cause et livra sa propre armée. En effet, Aurélien, vainqueur de l'Orient, s'étant avancé en Gaule (273) pour réduire ce pays, Tetricus, tout en marchant contre lui avec ses troupes, négociait. Les deux armées se rencontrèrent dans la vaste plaine de Châlons-sur-Marne. Tetricus, d'intelligence avec Aurélien qu'il semblait vouloir combattre, se porta en avant avec ses plus fidèles compagnons, se fit couper et envelopper par l'ennemi tandis que ses légions combattaient avec acharnement. Les légions gauloises furent rompues, mais leur indigne chef Tetricus ne recueillit de sa trahison que la honte d'orner le triomphe d'Aurélien et de vivre ensuite de l'argent qu'il avait reçu.

Sous Aurélien, la religion chrétienne s'introduisit dans les cités de la Champagne. Jovinus, consul rémois, dont le cénotaphe orne aujourd'hui le musée, fut un des magistrats dont la conversion (366) acheva le triomphe du nouveau culte. Reims, d'ailleurs, métropole de la seconde Belgique, ne devait pas tarder à devenir le siége d'un archevêché.

Dès la fin du troisième siècle, les plaines de la Champagne furent envahies par les barbares. Toute la vigueur de Probus fut nécessaire pour arrêter cette première invasion. Probus d'ailleurs, en accordant aux Gaulois la liberté de replanter les vignes arrachées par l'ordre de Domitien, préparait pour la Champagne une nouvelle source de richesses qui devait plus tard aider à réparer les maux des invasions.

Au milieu du quatrième siècle, il fallut encore un habile général, Julien, pour refouler l'invasion germanique, de plus en plus menaçante. Julien repoussa les Francs des plaines de la Champagne (356) et fit une savante campagne qui lui valut l'estime des légions et ne contribua pas peu à le faire proclamer empereur à Lutèce en 360. Reims avait été le quartier général de Julien, et un habile guerrier, sorti de ses murs, Jovin, continua, après la mort de l'empereur, à repousser les barbares, qu'il défit dans une nouvelle bataille de Châlons (366). Enfin, en l'année 406, le torrent, longtemps contenu, déborda. Une horde innombrable, composée de Vandales, de Suèves, d'Alains, de Burgondes, traversa le Rhin. Les plus riches cités de la Gaule furent dévastées, et Reims eut à subir les déprédations des Vandales, qui massacrèrent l'évêque Nicasius (Nicaise) sur le seuil de son église.

Mais ce n'était rien encore auprès de la nuée terrible qui se précipita en 451 sur la Gaule, la nuée des Huns. Attila inonda bientôt de ses hordes farouches les plaines de la Champagne. Le fléau de Dieu passa ; mais Orléans lui ayant barré la route, les peuples de la Gaule, Francs, Burgondes, Wisigoths, accoururent à sa rencontre avec le général romain Aétius ; Attila recula et les plaines de la Champagne lui parurent le champ de bataille le plus propice pour recevoir le choc des coalisés. Ce terrible choc, l'un des plus horribles que raconte l'histoire, eut-il lieu près de Châlons-sur Marne comme on l'a cru longtemps, ou dans les plaines plus voisines de Troyes ? Faut-il bien entendre par les *campi catalauni* (les champs catalauniques) les plaines voisines de la cité des Catalaunes ? C'est un problème que les archéologues n'ont pu résoudre.

A cette époque si troublée, si malheureuse, une des sept filles d'un des personnages les plus considérables de la Champagne, nommée *Manehildis*, se dévoua pour soigner les habitants de Château-sur-Aisne, que décimaient chaque année des épidémies causées par des marais d'où s'exhalaient des miasmes délétères. Sa charité et son zèle la rendirent populaire, et son nom demeura attaché à la ville : Sainte-Ménehould. Vers le même temps vivait saint Alpin, qui vit aussi, dans ses dernières années, arriver (459) au siége métropolitain de Reims, le jeune Remi (*Remigius*), à peine âgé de 22 ans, et dont l'épiscopat est peut-être le plus long que mentionne l'histoire (74 ans). Remi, sorti d'une des familles les plus honorables, ne tarda pas à conquérir une renommée qui se répandit dans toute la Gaule, et devait exercer bientôt un grand ascendant sur les nouveaux maîtres du pays, les Francs.

Les Francs, en effet, s'avançaient pas à pas, mais leurs conquêtes, lentes, étaient sûres. En 481, un chef jeune, ardent, Clovis, les entraîna plus rapidement. En une seule bataille, il détruisit ce qui restait en Gaule de troupes romaines, et la victoire de Soissons (486) le rendit maître du Soissonnais et d'une partie de la Champagne. Les Francs ayant pillé la ville de Reims, l'évêque réclama un vase précieux que le roi voulut lui faire rendre. Un soldat furieux brisa le vase, mais il fut tué l'année suivante par Clovis. Le roi des Francs ménageait les évêques et entretint dès lors avec saint Remi des relations que rendit plus actives son mariage avec une princesse chrétienne, Clotilde. Remi instruisit Clovis, déjà préparé à une conversion par l'influence de Clotilde et par la victoire de Tolbiac. Le roi des Francs reçut le baptême dans l'église de Reims, des mains de l'évêque, et le siége épiscopal de Reims reçut de cette circonstance un lustre qui devait lui assurer pour l'avenir un rôle prépondérant dans l'histoire de la monarchie (496).

Lorsque les fils de Clovis se partagèrent (511) la Gaule, les territoires de Châlons et de Reims furent donnés à Thierry,

Église Saint-Rémi, à Reims (V. p. 74).

roi de Metz. A ce moment, l'ancienne ville de Perthes devint aussi la capitale d'un petit état donné à Mundéric, bâtard de Clovis. Mundéric, voulant agrandir cet état, se révolta contre Thierry. Assiégé dans la ville de Vitry-en-Perthois, il opposa d'abord la plus vive résistance : mais, trompé par un des leudes de Thierry qui vint lui faire des propositions pacifiques, il sortit, fut pris et massacré. Le Perthois fut alors complétement réuni au royaume de Thierry, royaume qui, sous les fils de Clotaire, forma le royaume de l'Est ou l'Austrasie.

Sigebert, fils de Clotaire Ier, devenu roi d'Austrasie, établit souvent sa résidence à Reims. Sa rivalité avec Chilpéric, roi de Neustrie, amena de fréquents ravages dans les pays de Reims, de Châlons, de Sainte-Ménehould. Ces villes furent prises et reprises par les deux rivaux. Sigebert, vainqueur à la fin, repoussa Chilpéric, envahit la Neustrie, mais périt assassiné en Artois (575). Sa veuve, Brunehaut, gouverna alors l'Austrasie au nom de son jeune fils Childebert et essaya de faire revivre les traditions romaines. Son souvenir est resté profondément empreint dans l'esprit des populations, qui montrent encore des chaussées, des tours, des châteaux dits de Brunehaut. Elle fut assistée dans cette œuvre, qui lui fit encourir la haine des leudes austrasiens, par le duc Lupus, guerrier jurisconsulte, qui représentait l'esprit romain dans un pays devenu, depuis la grande invasion, de plus en plus germain. Malgré les guerres presque continuelles que fit naître ou qu'entretint l'animosité de Brunehaut contre Frédégonde, malgré les disettes et la peste, le pays se défrichait, grâce à l'activité des moines qui fondaient des abbayes entourées de fermes et remettaient en honneur le travail agricole : abbayes d'Hautvillers, d'Avenay, etc. Les évêques, de leur côté, prenaient un ascendant de jour en jour plus considérable ; ceux de Reims et de Châlons devinrent peu à peu, sous les Mérovingiens, les véritables maîtres de la contrée.

En Austrasie cependant s'élevait une famille puissante, celle des Pépins. Une succession de grands hommes, Pépin d'Héristal, Charles Martel, Pépin le Bref, amena le changement de 752, qui n'était en réalité que la proclamation d'un fait accompli. Pépin prit le titre de roi comme il en avait l'autorité et écarta le dernier Mérovingien, qu'il renferma dans un monastère. Pépin le Bref résidait souvent en Champagne, à Ponthion, où il reçut, en 754, le pape Étienne II, qui venait solliciter le secours du nouveau roi contre les Lombards.

Louis le Débonnaire fut sacré à Reims par le pape Étienne IV, et l'ascendant qu'il laissa prendre aux évêques lui devint funeste. En effet, l'archevêque de Reims, Ebbon, ne tarda pas à se déclarer contre lui en faveur de ses fils révoltés : il employa contre l'empereur l'autorité qu'il lui devait et présida l'assemblée des prélats qui imposèrent au malheureux prince une humiliante dégradation dans l'église de Saint-Médard de Soissons (833). Les peuples indignés réagirent cependant contre cette injure faite à un père par ses enfants et contre cette subordination d'un empereur à des évêques intrigants. L'archevêque de Reims, un des principaux auteurs de cette révolution, fut déposé, et l'empereur rétabli sur le trône.

Quelques années après la mort de Louis le Débonnaire, fut promu au siége de Reims un homme qui devait l'illustrer, Hincmar, déjà célèbre par sa science et ses vertus (845). Pendant le règne de Charles le Chauve, l'archevêque de Reims, mêlé à toutes les querelles politiques ou religieuses, cherche à fortifier le principe d'autorité qui va sans cesse s'affaiblissant, à mesure que grandissent les seigneurs et que s'organise le système féodal. Non-seulement Charles ne peut arrêter la décomposition intérieure de son royaume, mais il doit repousser les attaques de son frère Louis le Germanique. Celui-ci, soutenu par un grand nombre d'évêques et de seigneurs, se fit proclamer roi à Ponthion (858). Charles accourut, traversa Châlons, mais, abandonné bientôt par ses troupes, il dut s'enfuir en Bourgogne. Louis le Germanique revint alors à Vitry, puis à Ponthion, alla se faire sacrer à Sens, mais ne tarda pas à s'enfuir à son tour. Charles avait retrouvé une armée, en faisant de nouvelles concessions aux seigneurs ; il reprit les villes de la Champagne et convoqua un concile à Ponthion (866), qui confirma son élection au trône de France.

A ces troubles vinrent s'ajouter les ravages des Normands, qui, par l'Aisne et par la Meuse, pénétrèrent jusque dans la Champagne, si éloignée pourtant de la mer. Toutefois ils n'osèrent attaquer les villes fermées, et leurs bandes se contentèrent de piller les villages et les abbayes.

Ces ravages contribuèrent à favoriser les usurpations des seigneurs, et la Champagne vit bientôt se former, dans son voisinage, une puissance redoutable, celle des comtes de Vermandois. Herbert de Vermandois voulait soumettre la Champagne, une des dernières provinces où la famille carlovingienne trouvait un appui. Charles le Simple, en effet, avait été couronné à Reims, en 893, alors qu'Eudes, comte de Paris régnait déjà depuis 887. Dans la longue lutte qui s'engagea, l'archevêché de Reims soutint la cause des successeurs de Charlemagne. Mais les seigneurs n'entendaient pas laisser cette grande force aux princes qu'ils voulaient dépouiller. Aussi chaque élection au siége de Reims devenait-elle une source de luttes entre les deux partis. Cette querelle s'étendit, et Louis IV d'Outre-Mer implora contre les seigneurs l'appui du roi de Germanie, Otton Ier. Celui-ci, en 946, passa la Meuse et se dirigea sur la Marne avec Louis d'Outre-Mer. Hugues le Grand, le chef du parti féodal, se prépara à la lutte, mais ne put empêcher Otton d'entrer à Reims. Le roi de Germanie s'avança jusqu'en Normandie, toutefois il fut obligé de retourner bientôt en Allemagne, n'ayant rendu à Louis d'Outre-Mer que Reims, où ce prince mourut en 954.

Hugues le Grand, qui avait déjà couronné Louis IV d'Outre-Mer, aurait pu encore cette fois prendre pour lui le sceptre : il préféra le donner au fils de Louis, à Lothaire. Celui-ci, tout en continuant de lutter contre les grands vassaux, ne suivit pas la même politique que son père à l'égard de l'Allemagne. Au contraire, il essaya de reconquérir les vallées de la Moselle et du Rhin, berceau de sa famille. Aussi le roi de Germanie, Otton II, envahit-il de nouveau la France et ravagea la Champagne, en marchant sur Paris. Le rôle des archevêques de Reims ne fut plus à cette époque aussi franc et aussi net. Adalbéron, l'un des plus savants prélats, et son conseiller, le moine Gerbert, appuyèrent d'abord le roi Lothaire, puis se tournèrent contre lui. Leurs relations avec le roi Otton II, à la cour duquel Gerbert alla montrer sa vaste érudition, les éloignèrent de la famille carlovingienne. Le roi Lothaire étant mort en 986 et ayant été inhumé à Reims, son fils Louis V reprit les projets de vengeance qu'avait conçus Lothaire contre Adalbéron. Il avait réuni une assemblée pour le faire déposer, lorsqu'il mourut en 987. Alors Adalbéron mit toute son influence au service de Hugues Capet. Ce fut lui qui dirigea la révolution à la suite de laquelle les Capétiens remplacèrent définitivement les Carlovingiens. L'Église de Reims, longtemps le plus ferme appui des Carlovingiens, les abandonnait ; c'était le dernier coup, et cette conversion opportune allait assurer, auprès de la nouvelle dynastie, le maintien de la prééminence qu'entendaient conserver les métropolitains de Reims. Hugues Capet, proclamé à Senlis, se fit, il est vrai, couronner à Noyon, mais la cathédrale de Reims devait être, durant toute l'ancienne monarchie, la ville du sacre.

Du reste, sous Adalbéron, Reims vit se fonder des écoles où Gerbert enseignait les arts libéraux et particulièrement la dialectique, la rhétorique, la géométrie, l'astronomie, la musique, la philosophie, la physique. Après la mort d'Adalbéron, en 988, ce fut un membre de la famille carlovingienne, Arnulf, que Hugues Capet éleva au siége de Reims ; mais Arnulf vit se former contre lui une redoutable opposition. Gerbert remplaça Arnulf, et ce savant docteur put continuer les travaux qu'il avait commencés au temps d'Adalbéron. Toutefois son élection parut illégale au pape Jean XVI, qui protesta contre la déposition d'Arnulf. Gerbert céda et n'y perdit point, car il devint pape sous le nom de Sylvestre II, et réintégra lui-même son adversaire Arnulf sur le siége de Reims.

La cité de Châlons devait aussi son importance à ses évêques, qui devinrent bientôt ses maîtres. Dès le règne de Lothaire, l'indépendance de Châlons avait été reconnue, et son évêque, comme l'archevêque de Reims, était devenu un des principaux seigneurs ecclésiastiques du royaume. Au-dessus cependant des seigneurs ecclésiastiques et laïques qui se partageaient la Champagne, s'éleva une maison qui domina la province entière. Après les comtes de la maison de Vermandois, Eudes, comte de Blois, inaugura une seconde maison (1019) plus célèbre que la première. Elle fut successivement représentée, après Eudes, par : *Étienne II*, qui lutta souvent contre le roi de France Henri Ier; *Thibault Ier*, qui prit le titre ancien de palatin; *Henri*, dit Étienne, qui prit part à la première croisade. Son frère, *Hugues Ier*, lui succéda, et partant pour la Terre-Sainte sans esprit de retour, vendit le comté de Champagne à son neveu *Thibault II*.

L'archevêque de Reims et l'évêque de Châlons ne reconnaissaient pourtant que l'autorité royale et s'en fortifiaient. Reims, sous le règne de Louis VI (le Gros), fut indiqué comme le rendez-vous de l'armée que le roi rassemblait contre l'empereur Henri V d'Allemagne. Cette armée fut si nombreuse « qu'on eût dit des nuées de sauterelles (1124) », et devant cette manifestation éclatante du sentiment national, Henri V jugea prudent de se retirer sans combattre. Quelques années plus tard, Reims se constituait en *commune* et obtenait du roi Louis VII (1159) une charte qui malheureusement n'était pas une garantie de sécurité, car les bourgeois de Reims eurent sans cesse à lutter contre leurs archevêques pour la défense de leurs libertés, et cette commune eut une existence non moins orageuse que celle de Laon.

Cependant le comte Thibault II ne se montra pas docile à l'égard du fils de Louis VI, Louis VII, le Jeune. Le roi vint assiéger (1142) la place de Vitry-en-Perthois. Il enleva la ville d'assaut, ordonna d'y mettre le feu, et, suivant des récits contestés, il aurait fait périr treize cents personnes réfugiées dans l'église. En 1152, *Henri le Large* succéda à Thibault le Grand et mérita son surnom par ses libéralités. *Henri II*, devenu comte en 1180, accompagna Philippe Auguste en Terre-Sainte, y demeura après le départ du roi et, grâce à Richard Cœur-de-Lion, devint roi de Jérusalem. Il fut remplacé en Champagne par son frère *Thibault III*, auquel succéda le lèbre *Thibault IV*.

Cathédrale de Reims (V. p. 72).

Thibault devait ses vertus et ses talents à Blanche de Navarre, sa mère. Cette princesse, régente au nom de son fils, avait mis tous ses soins à lui donner une brillante éducation, en même temps qu'elle avait régi ses domaines avec sagesse. Elle constitua la commune de Sainte-Ménehould (1202) et accorda des chartes d'affranchissement à plusieurs villages. Aussi les seigneurs suivirent-ils son exemple, et la liberté se constitua en se développant, en même temps que la prospérité renaissait. Blanche avait envoyé son fils à la cour de France, et là le jeune homme, frappé de la beauté et des mérites de la reine Blanche de Castille, lui voua dès lors un amour qu'il exprima bientôt en vers passionnés. Thibault excita ainsi le mécontentement de Louis VIII, que cependant il accompagna au siége d'Avignon. Mais Thibault, avec ses troupes, quitta l'armée et regagna la Champagne. Louis VIII voulait venger cette injure lorsqu'il mourut à Montpensier, en Auvergne (1226), et des bruits calomnieux coururent même sur la cause de cette mort, injustement attribuée à Thibault.

Celui-ci se trouvait donc déjà en révolte presque ouverte contre l'autorité royale, et les barons espérèrent qu'il serait leur chef dans la ligue formée par eux pour abaisser cette autorité. Blanche de Castille avait pris la régence au nom de son jeune fils, Louis IX, mineur, et l'occasion paraissait favorable aux seigneurs, puisque Blanche était sans appui, n'ayant ni parents ni amis au royaume de France. Mais Blanche se servit de l'empire qu'elle exerçait sur l'esprit et le cœur de Thibault. Le comte de Champagne, devenu le soutien de la royauté, déconcerta les projets des conjurés. Ceux-ci irrités se jetèrent sur la Champagne ; la régente protégea à son tour celui qui l'avait défendue. Bientôt les préoccupations de Thibault et de sa maison se portèrent vers les Pyrénées : le comte de Champagne hérita du royaume de Navarre et alla se faire couronner à Pampelune. Il mourut en 1253, laissant une renommée durable à cause de ses poésies, qui l'ont placé à la tête de nos vieux *trouvères*.

Avec lui finit en réalité la maison de Champagne. Thibault V meurt en 1270 à la croisade de Tunis. Son frère, Henri III, lui succède et disparaît presque aussitôt, ne laissant qu'une fille, Jeanne de Navarre. Cette princesse ayant épousé Philippe de France, fils du roi Philippe le Hardi (1284), la Champagne se trouva, en 1285, réunie à la Couronne par l'avénement au trône de l'époux de Jeanne, Philippe le Bel. Jeanne et Philippe furent couronnés à Reims en 1286, puis à Pampelune, en 1288. Le roi de France devenait ainsi roi de Navarre; toutefois, cette dernière province devait être presque aussitôt détachée que réunie. Mais la Champagne, si voisine de l'Ile-de-France, resta française.

Les malheurs de la guerre de Cent-Ans devaient se faire sentir vivement en Champagne, car cette province, par sa situation, était une des plus convoitées des Anglais. Aussi, lorsque les premières batailles de Crécy (1346) et de Poitiers (1356) eurent facilité à Édouard III l'accès du pays et lui eurent livré le Nord et l'Ouest, les Anglais s'avancèrent dans la région orientale. Un fameux chef anglais, Robert Knolles, se signala surtout par les ravages qu'il exerça dans le Rémois et dans la Brie. La Champagne demeura pendant quelques années au pouvoir des bandes d'aventuriers qui profitaient de la guerre pour vivre à discrétion sur le pays. Eustache d'Aubercicourt appelait même la Champagne « leur chambre ». Survint ensuite une invasion régulière des Anglais (1360). Édouard III, pour contraindre les Français à accepter les conditions inexorables qu'il voulait imposer au roi Jean, captif à Londres, avait débarqué à Calais avec une nouvelle armée. S'étant dirigé vers l'est, il mit successivement le siége devant Reims et Châlons. Ces places étaient bien gardées : les Français évitaient les batailles; l'armée anglaise ravagea le pays, mais ne put s'établir nulle part, et Édouard III consentit enfin à retirer quelques-unes de ses prétentions, à la paix de Brétigny (1560). Il fallut cependant le règne réparateur de Charles V pour délivrer le pays des Grandes Compagnies, et encore même pendant ce règne, les Anglais, conduits par les ducs de Lancastre et de Buckingham, reparurent plusieurs fois en Champagne. Mais ils trouvèrent encore les villes de Reims et de Châlons bien fermées : ils rôdèrent impuissants autour de ces places et, comme leur itinéraire était peu varié, ils traversaient des contrées déjà désolées où le plus souvent ils manquaient de vivres. « En 1373, les Anglais, dit Froissart, eurent plusieurs disettes de vivres, et en l'hiver de grandes froidures. » Leurs armées se retirèrent, semblables à ces inondations qui ravagent les campagnes, puis les rendent aux laboureurs dont le travail répare les pertes.

La folie de Charles VI, la rivalité du duc d'Orléans et du duc de Bourgogne, qui donna naissance aux factions des Armagnacs et des Bourguignons, vinrent bientôt fournir aux Anglais une occasion inespérée de regagner ce qu'ils avaient perdu. Dans cette seconde période de la guerre de Cent-ans, le duc de Bourgogne se rendit maître de la Champagne ; et, lorsque le duc Jean Sans-Peur eut été assassiné au pont de Montereau, Philippe le Bon livra cette province aux Anglais, qui, du reste, après le honteux traité de Troyes (1420), furent maîtres du roi et de la capitale. Henri V épousait Catherine de France, et la reine Isabeau de Bavière, déshéritant son fils Charles, livrait au prince anglais sa fille et le royaume. Le comte de Salisbury reçut du roi anglais le gouvernement de la Champagne et s'empara des places qui essayaient encore de résister, entre autres de Vertus.

Cependant grandissait à l'extrémité de la Champagne, sur les limites de cette province et de la Lorraine, Jeanne d'Arc, qui devait rendre cœur et confiance aux soldats, au roi luimême, et accomplir cette délivrance merveilleuse dont l'exemple est unique dans l'histoire. Jeanne d'Arc ayant forcé les Anglais à lever le siége d'Orléans (8 mai 1429), entraîna le roi Charles VII vers la Champagne. Là était Reims, la ville du sacre, là le roi devait recevoir la couronne et revendiquer hautement ses droits et sa légitimité méconnue. L'armée française se dirigea donc par Auxerre et Saint-

Florentin sur Troyes, puis sur Châlons. Le peuple de Châlons se porta joyeusement au devant de la Pucelle, qui retrouva dans cette ville quelques-uns de ses compatriotes de Domremy, accourus de leur village pour la voir. L'armée, se hâtant ensuite de gagner Reims, arriva devant cette ville le 16 juillet. Le gouverneur bourguignon, le sire de Châtillon-sur-Marne, cherchait à exciter les habitants à la résistance, mais leurs dispositions étaient telles qu'il se vit obligé de quitter la place. Les bourgeois envoyèrent à Charles VII les clefs de leur ville, et l'archevêque Regnaud de Chartres, qui n'avait pu encore prendre possession de son siége, entra dans Reims le 16 juillet. Le soir même, Charles VII fit son entrée solennelle à la tête de son armée. Dans la nuit, les préparatifs du sacre furent terminés, et, le lendemain (17 juillet), la cathédrale de Reims vit se renouveler les cérémonies traditionnelles qui empruntaient cette fois aux circonstances une grandeur exceptionnelle, car c'était la reconnaissance par le pays de son roi national, et comme la consécration de l'indépendance de la France. Au pied de l'autel se tenait Jeanne d'Arc, ayant à la main son étendard qui, disait-elle plus tard, « après avoir été à la peine, méritait bien d'être à l'honneur. »

Les Anglais firent toutefois de nombreuses tentatives pour reprendre la Champagne, qu'ils promettaient au duc de Bourgogne afin de le retenir dans leur alliance. Le sire de Barbazan, l'un des principaux seigneurs du parti français, défendit les environs de Châlons, enleva un grand nombre de châteaux et mérita d'être nommé gouverneur de la Champagne. Cependant, en 1432, les troupes du duc de Bourgogne surprirent Épernay et forcèrent la population à évacuer la ville : hommes, femmes, enfants se virent réduits, en plein hiver, à aller mendier un refuge dans les villages voisins. Tant de guerres eurent pour conséquences des famines et des maladies contagieuses, sans parler des ravages des Écorcheurs, qui infestèrent surtout la Haute-Marne, mais qui parcoururent aussi la vallée moyenne de la Marne.

La fin du règne de Charles VII, le règne de Louis XI, ceux de Charles VIII et de Louis XII, furent des temps de calme pour la Champagne, qui respira enfin. Mais elle était encore, pour le royaume, une province frontière, et, lorsque s'engagèrent les grandes guerres entre Charles Quint et François Iᵉʳ, elle eut beaucoup à souffrir. Dans la dernière guerre (1542-1544), la Champagne fut envahie par les Impériaux, que commandait Charles-Quint en personne. Les ennemis se portèrent sur Saint-Dizier, Joinville, puis sur Vitry, où s'était renfermé le comte de Brissac avec de la cavalerie et deux mille hommes de pied. Vitry, dominé de tous côtés par des collines élevées sur lesquelles les Impériaux avaient établi des batteries, ne put résister. Le comte de Brissac évacua la ville, les habitants n'en refusèrent pas moins d'ouvrir les portes, et les canons de Charles-Quint réduisirent Vitry en un monceau de cendres. L'armée ennemie suivit la Marne en faisant un détour pour éviter Châlons, et gagna Épernay. François Iᵉʳ se désespérait et s'écriait : « Dieu, tu me fais payer cher cette couronne que je croyais avoir reçue comme un don. » Mais Charles, voyant son armée épuisée, s'arrêta et signa la paix de Crespy (1544).

François Iᵉʳ ne voulut pas laisser rebâtir Vitry sur l'emplacement que cette ville avait occupé ; il choisit l'emplacement du village de Moncourt, dans une plaine que ne dominait aucune élévation ; le château de l'ancien Vitry fut démantelé et tous les matériaux, jusqu'aux pavés, furent transportés à Moncourt. Un architecte boulonnais, Jérôme Marin, traça le plan de la nouvelle ville, qui s'éleva rapidement et prit le nom de Vitry-le-François, en l'honneur de son fondateur (1545). Les habitants de l'ancien Vitry réclamèrent en vain, le roi fut inexorable et usa même de la force pour les empêcher d'aller relever leurs demeures à demi renversées ; contraint cependant de céder un peu à leur insistance, il consentit à laisser à Vitry-le-Brûlé le titre de bourg, avec un doyenné, un marché, une lieutenance de prévôt, etc.

Les guerres de religion commencèrent par des troubles en

Champagne (massacre de Vassy, 1562). Les Guises, chefs du parti catholique, étaient très-puissants dans cette province, et le siége archiépiscopal de Reims appartenait à un des leurs, le cardinal Claude de Lorraine. Reims et Châlons embrassèrent avec ardeur la cause catholique. Les réformés, se croyant menacés, assiégèrent vainement Sainte-Ménehould, qui résista à cinq assauts (1562), mais les environs furent dévastés et la grande abbaye de Beaulieu incendiée. La Champagne, toutefois, ne vit pas de grands mouvements d'armée et n'eut à souffrir que du passage des bandes allemandes qui venaient au secours des protestants. Ce fut en repoussant ces bandes allemandes, en 1575, au début du règne d'Henri III, que Henri de Guise, le fils du duc François, gagna, au combat de *Dormans*, une blessure au visage qui lui valut le surnom de *Balafré*. Sa naissance et son renom militaire le désignèrent aux catholiques pour être le chef de la Ligue formée en 1576.

Châlons cependant, quoique fidèle au parti catholique, résista aux entraînements de la Ligue et ne reçut que très tard, de 1585 à 1588, une garnison de ligueurs. Henri III se délivre des Guises par un crime, aux États de Blois, en 1588; mais le duc de Mayenne relève les prétentions de cette famille, et la guerre devient plus acharnée que jamais. Henri III est assassiné en 1589, et Henri IV voit ses droits méconnus par la plus grande partie du royaume. La ville de Reims tenait pour la Ligue. Châlons se déclara pour le roi légitime; ce fut même dans cette ville que se réunirent les membres du Parlement de Paris fidèles à Henri IV : ils tenaient leurs séances au couvent des Jacobins; ils y rendirent l'arrêt du 6 juin 1591, qui condamnait à être lacérées par la main du bourreau les bulles de Sixte-Quint et de Grégoire XIV, contraires au droit d'Henri IV. Reims demeurait toujours fermée au roi, et Henri, après son abjuration, en 1593, dut se faire sacrer à Chartres. Mais, en 1594, Henri, maître de Paris, poussa vivement les hostilités du côté de la Champagne. Il reprit Épernay aux Espagnols, et, enfin, le duc de Guise, fils d'Henri le Balafré, se soumit et ouvrit les portes de Reims. Vitry cependant se fit acheter à prix d'argent et ne voulut ouvrir ses portes que pour 20,000 écus bien comptés.

Le meurtre d'Henri IV (1610) rouvrit l'ère des guerres civiles : sous le faible gouvernement de Marie de Médicis, les seigneurs recommencèrent leurs complots et leurs ligues. Le prince de Condé, mécontent de se voir éloigné du pouvoir, appela la noblesse aux armes et se retira à Soissons (1614). La Champagne eut à souffrir de la guerre par le voisinage de Bouillon et des Ardennes, où se trouvaient les principaux agents de l'insurrection. Dès le début, le prince de Condé avait voulu s'emparer de Vitry, mais la ville demeura fidèle à Louis XIII. Châlons résista également, mais Sainte-Ménehould fut occupée par les révoltés. Marie de Médicis n'était pas femme à tenir tête à cette nouvelle ligue : elle négocia, et un traité fut signé à Sainte-Ménehould (1614). La guerre recommença quelques années après, et Sainte-Ménehould, cette fois, fut reprise par les troupes royales ou plutôt vendue par son gouverneur.

La guerre de Trente-ans faillit devenir fatale à la Champagne ; mais l'Argonne seule eut à souffrir. Durant la Fronde, les environs de Sainte-Ménehould furent désolés par la disette, par la peste, par de nombreux passages de troupes allemandes. En 1652, la ville elle-même fut attaquée par le prince de Condé : elle n'avait d'autre garnison que quelques soldats invalides et un petit nombre de canonniers. Les habitants repoussèrent plusieurs assauts, mais, voyant les vivres près de manquer, ils capitulèrent enfin : la garnison défila devant le prince de Condé avec les honneurs de la guerre : celui-ci, admirant le petit nombre des défenseurs, ne put s'empêcher de dire au maire : « Quoi, voilà en troupe réglée toute votre garnison ? Vous êtes tous des opiniâtres, des entêtés, des mutins. » Bientôt survint l'armée royale avec Turenne, et l'attaque de Sainte-Ménehould fut confiée au maréchal du Plessis-Praslin (1653). La cour s'était établie à Châlons, et Mazarin s'impatientait de la résistance des frondeurs de Sainte-Ménehould. Des batteries redoutables ayant été montées, la garnison se vit enfin obligée de se rendre (novembre 1653). Elle défila devant le jeune Louis XIV, qui ensuite mit pied à terre et entra par la brèche, accompagné de quelques officiers.

La Champagne put alors retrouver le calme et la prospérité. Elle contribua à l'ordre admirable qui régna dans l'administration, en donnant au roi un de ses plus illustres ministres, Colbert, fils d'un marchand de draps de Reims, le créateur de notre industrie, de notre commerce, de notre marine. Dans ce pays vint souvent aussi l'émule et le rival de Colbert, le titulaire de la seigneurie de Louvois. Cette ancienne seigneurie (Loup-Voies, *Luporum Viæ*) avait été acquise, en 1656, par Michel Le Tellier, qui la céda à son fils, secrétaire d'État de la guerre, ce qui rendit célèbre le marquisat de Louvois.

Lorsque, en 1792, la France fut envahie par les Prussiens, que commandait le duc de Brunswick, les volontaires affluèrent à Châlons pour former une armée destinée à renforcer celle de Dumouriez. Ce général voulait défendre les défilés de l'Argonne. Mais les corps insuffisants qu'il avait postés aux passes de la Croix-au-Bois et du Chêne-Populeux (département des Ardennes), furent obligés de céder devant l'ennemi, et Dumouriez, qui occupait un autre passage, le camp de Grand-Pré, allait se trouver ainsi coupé et tourné. Si Dumouriez eût cédé à des conseils qui ne manquaient pas de sagesse apparente, il eût battu en retraite sur Châlons. Mais, ne jugeant pas la situation aussi critique et, en réalité, peu pressé par un ennemi dont les mouvements étaient d'une lenteur inexplicable, le général en chef résolut de barrer encore la route. Il évacua le camp de Grand-Pré, expédia à tous ses lieutenants les ordres les plus formels de le rejoindre, remonta le cours de l'Aisne et se dirigea vers Sainte-Ménehould.

Ce fut entre cette ville et Suippes qu'il prit une position habilement choisie sur les dernières hauteurs qui marquent les limites des plaines champenoises. Il occupa la hauteur du moulin de *Valmy*, où il rangea dix-huit pièces d'artillerie ; le mont Yvron, qui commandait cette hauteur, était également garni d'artillerie. Les Prussiens sont repoussés (20 septembre), et le canon qui annonçait à Paris cette première victoire annonçait en même temps l'ouverture de la Convention et la proclamation de la République (21 septembre 1792).

Ce n'était pas seulement la Champagne qui était délivrée, mais la France. Les guerres s'éloignèrent de plus en plus de la vallée de la Marne ; elles se reportèrent aux rives de la Meuse, de la Moselle et du Rhin, puis à celles de l'Elbe, de la Vistule, du Niémen, de la Moskowa ; mais, en une année, de la fin de 1812 au commencement de 1814, elles revinrent dans la vallée de la Marne. Napoléon, après avoir foulé tous les peuples, vit ces peuples se retourner contre lui.

Dès les premiers jours du mois de janvier 1814, les grandes lignes de défense étaient perdues. Les armées alliées se dirigeaient sur Paris, et la guerre était tout de suite portée dans le bassin de la Seine.

Les maréchaux Ney, Marmont, Victor se réunirent à Vitry-le-François, et Macdonald se rapprocha de Châlons-sur-Marne. Napoléon se mit alors à la tête de l'armée, que renforça Oudinot avec 7000 hommes de la garde. Il ordonna sur le champ de déboucher de Vitry. Dès le lendemain, on chassa de Saint-Dizier (27 janvier 1814), et on repoussa sur la Haute-Marne un corps de l'armée de Silésie. Les combats de Brienne et de la Rothière maintinrent l'armée de Schwarzenberg, et Napoléon ayant ainsi retardé le danger du côté de l'Aube se reporta sur la Marne.

L'armée de Silésie se trouvait disséminée dans les plaines de la Champagne, et toutes ses colonnes prêtaient le flanc à la poignée de braves que Napoléon amenait. Après avoir détruit quelques corps détachés, l'empereur marche sur *Montmirail*, où se croisent les chaussées par où doivent rétrograder les généraux ennemis. Le corps commandé par Sacken est défait le 11 février 1814 et, le lendemain, Napoléon se retourne contre les Prussiens, qu'il refoule jusqu'au pont de Château-Thierry. Puis il se dirige contre Blücher, qui venait de Fère-Champenoise. Il l'atteignit à *Vauchamps* (14 février) et le mit en fuite avec une perte de 14,000 tués, blessés ou prisonniers. Dans cette courte expédition, Napoléon détruisit

Monument commémoratif à Sainte-Menehould (V. p. 70).

le tiers de l'armée de Silésie et la coupa en deux masses confuses, séparées par la Marne et les deux grandes villes de Reims et de Châlons.

Mais bientôt de nouveaux corps ennemis venus du Nord enlèvent Reims, dont la vieille enceinte n'était défendue que par la garde nationale. Tandis que Napoléon faisait face aux alliés dans la vallée de l'Aube, puis dans celle de la Seine, et tandis qu'il gagnait la bataille de Montereau (18 février), Blücher se mettait en devoir de descendre la Marne. Refoulé par les lieutenants de Napoléon, il semblait perdu, lorsque la capitulation inopinée de Soissons le sauva et lui permit de se mettre en sûreté au delà de l'Aisne. Napoléon cependant ne désespérait point. Il rendit les décrets de *Fismes*, qui appelèrent la nation aux armes, et bientôt, après quelques fluctuations, les troupes françaises, victorieuses à Craonne, reparurent dans le département de la Marne, enlevèrent la ville de Reims, après un violent combat (15 mars), et cette cité devint pour quelques jours le siége du quartier-général. Châlons, Épernay demeuraient également aux mains des Français.

Mais les vallées de l'Aube et de la Seine tombèrent enfin au pouvoir de l'armée de Schwarzenberg, et Napoléon, après la journée indécise d'Arcis-sur-Aube, ne put arrêter cette armée. Il ne put non plus l'empêcher de communiquer avec Blücher. Reims fut repris par l'ennemi, et deux cent mille coalisés, maîtres des affluents de droite de la Seine, convergeaient vers Paris. Les troupes françaises durent reculer. Sézanne et Fère-Champenoise furent le théâtre des derniers combats. Napoléon cependant, imaginant une combinaison hardie, veut se porter sur les derrières des armées alliées. Il compte sur la résistance de Paris, mais cette ville, non fortifiée, capitule après une journée de combat (30 mars 1814). La guerre est terminée. La Champagne avait montré, dans cette lutte si inégale, le plus noble patriotisme.

Il était réservé à notre époque de voir se renouveler pour la France, et pour la Champagne en particulier, ces scènes terribles de l'invasion. L'imprévoyance de Napoléon III déchaîna, en 1870, une nouvelle guerre qui, en quelques semaines, aboutit à des désastres inouïs. L'armée de réserve, formée à ce camp de Châlons où des manœuvres annuelles semblaient pourtant promettre une armée bien exercée et bien conduite, alla se faire prendre à Sedan (1er septembre). Les

Prussiens ne rencontrèrent plus dès lors de résistance. Ils occupèrent la Champagne, mirent garnison dans les principales villes, Reims, Châlons, etc. Reims devint le siège d'un gouvernement général, qui comprenait les départements de l'Aisne, des Ardennes, de la Marne, de Seine-et-Marne, de l'Aube et de Seine-et-Oise. Le pays fut accablé de réquisitions sévèrement exigées, et eut à subir, pendant de longs mois, les souffrances d'une lourde occupation.

VII. — Personnages célèbres.

Quatrième siècle. — Jovin, né à Reims, chef des armées romaines, consul (367), défendit Reims contre les barbares.

Dixième siècle. — Flodoard, né à Épernay (894-966), auteur d'une *Histoire de l'Église de Reims* et d'une *Chronique*.

Onzième siècle. — Urbain II, pape, qui prêcha la première Croisade en 1095, né à Châtillon-sur-Marne.

Treizième siècle. — Gaucher Désiré de Chatillon, né à Châtillon-sur-Marne (1250-1330), brillant chevalier sous Philippe le Bel, ses trois fils et Philippe de Valois.

Quatorzième siècle. — Jean de Dormans, né à Dormans, évêque de Beauvais, chancelier et garde des sceaux de France, cardinal, fonda à Paris, en 1370, au profit de la jeunesse de Dormans, le collége de Dormans, dit de Saint-Jean-de Beauvais. — Deschamps (Eustache), né à Vertus (1328-1422), poëte célèbre et patriote, dont les œuvres sont intéressantes pour l'histoire de l'époque. — Clémengis (Nicolas de), né à Clamanges, docteur en Sorbonne, recteur de l'Université de Paris, et l'un des principaux écrivains de son temps (1360-1440).

Quinzième siècle. — Gobelin (Gilles), né à Reims, célèbre teinturier, qui s'établit, en 1450, à Paris.

Seizième siècle. — Akakia ou Aquaquia (Martin), né à Châlons-sur-Marne, médecin de François Ier et savant célèbre. — Bacquenois (Nicolas), né à Reims, apporta le premier à Reims l'art de l'imprimerie, qu'il avait étudié à Lyon.

Dix-septième siècle. — RICHER DE BELLEVAL (PIERRE), né à Châlons (1558-1632), médecin et botaniste célèbre, créa à Montpellier le premier Jardin des plantes. — COQUAULT (PIERRE), chanoine de Reims, a laissé des manuscrits pour une histoire ecclésiastique et civile de Reims. — MARLOT (GUILLAUME), né à Reims (1596-1667), savant bénédictin, a écrit une *Histoire de la ville de Reims.* — PERROT D'ABLANCOURT (NICOLAS), né à Châlons (1606-1664), savant et traducteur des classiques grecs, latins, etc., membre de l'Académie française. — NANTEUIL (ROBERT), né à Reims (1630-1678), dessinateur et graveur du cabinet de Louis XIV. — GONDY (JEAN-FRANÇOIS-PAUL DE), né à Montmirail, cardinal de Retz et coadjuteur de Paris (1614-1679), joua un rôle important durant la Fronde et a laissé des *Mémoires* qui le classent parmi les meilleurs écrivains. — COLBERT (JEAN-BAPTISTE), né à Reims (1619-1683), un des plus grands ministres de Louis XIV. — OUDINET (MARC-ANTOINE), né à Reims, numismate, membre de l'Académie des inscriptions (1643-1712). — JOYEUSE (JEAN-ARMAND, marquis DE), né à Ville-sur-Tourbe, maréchal de France et gouverneur des Trois-Évêchés (1634-1715), se distingua dans les guerres de Louis XIV. — PÉRIGNON (Dom PIERRE), né à Sainte-Ménehould (1638-1715), bénédictin, trouva le secret de rendre mousseux les vins de Champagne. — RUINART (Dom THIERRY), né à Reims (1657-1719), savant bénédictin, auteur d'ouvrages historiques. — DE LA SALLE (JEAN-BAPTISTE), né à Reims (1651-1719), fondateur de l'Institut des Frères des écoles chrétiennes. — CAUMARTIN (LOUIS-URBAIN LE FÈVRE DE), né à Châlons (1653-1720), conseiller au Parlement, intendant des finances.

Dix-huitième siècle. — LECOUVREUR ou COUVREUR (ADRIENNE), née à Fismes (1692-1730), tragédienne célèbre. — LEVESQUE DE POUILLY, né à Reims (1692-1750), membre de l'Académie des inscriptions et belles-lettres. — DEMOIVRE (ABRAHAM), né à Vitry-le-François (1667-1754), célèbre mathématicien. — VELLY (PAUL-FRANÇOIS), né à Crugny (1711-1759), savant abbé qui popularisa l'*Histoire de France.* — PLUCHE (NOËL-

Antoine), né à Reims (1688-1761), savant abbé et naturaliste. — Vatry (Jean-René), né à Reims (1697-1769), professeur de littérature grecque au Collége de France, l'un des principaux rédacteurs du *Journal des Savants*. — Tronson du Coudray (Philippe-Charles-Jean-Baptiste), né à Reims (1738-1777), général d'artillerie, alla servir sous Washington au début de la guerre de l'Indépendance américaine. — Jacquier (François), né à Vitry-le-François (1711-1788), savant mathématicien. — Linguet (Simon-Nicolas-Henri), né à Reims (1736-1794), avocat et journaliste. — Chézy, né à Châlons (1718-1798), célèbre ingénieur. — Tronson du Coudray (Guillaume-Alexandre), né à Reims (1750-1798), avocat célèbre, défenseur de la reine Marie-Antoinette, député au Conseil des Anciens, proscrit au 18 fructidor 1797. — Saint-Genis (Auguste-Nicolas de), né à Vitry-le-François (1741-1808), légiste, fit une vaste collection des lois françaises.

Dix-neuvième siècle. — Germain (Jean-Baptiste-Louis), né à Reims (1784-1842), peintre d'histoire et de portraits. — Drouet (Jean-Baptiste, comte d'Erlon), né à Reims (1765-1844), général du premier Empire, gouverneur de l'Algérie et maréchal sous le règne de Louis-Philippe. — Royer-Collard (Pierre-Paul), né à Sompuis (1763-1845), philosophe, homme d'État, orateur éminent. — Polonceau (Antoine-Remi), né à Reims (1778-1847), ingénieur des ponts et chaussées, donna les plans du pont du Carrousel et traça les premiers chemins de fer de France.—Beautemps-Beaupré (Charles-François), né à la Neuville-au-Pont (1766-1854), célèbre ingénieur hydrographe, membre de l'Institut. — Géruzez (Eugène), né à Reims (1799-1865), éminent professeur de littérature française à la Sorbonne et écrivain. — Archiac (Étienne-Jules-Adolphe Desmier de Saint-Simon, vicomte d'), né à Reims, géologue, membre de l'Institut, auteur de savants ouvrages de géologie et de paléontologie. — Billet (Auguste), né à Fismes (1817-1871), colonel du 4e cuirassiers, dont les charges furent si héroïques à la bataille de Reichsoffen.

VIII. — Population, langue, culte, instruction.

La *population* de la Marne s'élève, d'après le recensement de 1876, à 407,780 habitants (204,008 du sexe masculin, 203,772 du sexe féminin). A ce point de vue, c'est le trente-deuxième département. Le chiffre des habitants divisé par celui des hectares donne environ 50 habitants par 100 hectares ou par kilomètre carré ; c'est ce qu'on appelle la *population spécifique*. La France entière ayant 69 à 70 habitants par kilomètre carré, il en résulte que la Marne renferme, à surface égale, 19 à 20 habitants de moins que l'ensemble de notre pays. Sous ce rapport, c'est le 64e département. — Depuis 1801, date du premier recensement officiel, la Marne a gagné 103,129 habitants.

Le Champenois parle la langue commune de la France ; il n'a point de patois ; l'idiome propre au département est le français du seizième siècle, mélangé d'expressions qui varient d'un village à l'autre.

Les habitants de la Marne sont presque tous catholiques. On n'y compte que 1600 protestants et environ 450 israélites.

Le nombre des *naissances* a été, en 1875, de 10,235 (plus 555 mort-nés) ; celui des décès, de 9160 ; celui des *mariages*, de 3097.

La *vie moyenne* est de 35 ans 11 mois.

Le *lycée* de Reims a compté, en 1876-1877, 525 élèves ; les *colléges communaux* de Châlons, d'Épernay, de Sainte-Ménehould, Vitry-le-François et Sézanne, 778 ; 4 *institutions secondaires libres*, 451 ; 990 *écoles primaires*, 53,460 ; 66 *salles d'asile*, 7,036 ; 703 *cours d'adultes*, 10,743 auditeurs.

Les opérations du recensement en 1876 ont donné les résultats suivants :

Ne sachant ni lire ni écrire.	444
Sachant lire seulement	37
Sachant lire écrire et compter	5,046
Bacheliers.	49
Dont on n'a pu vérifier l'instruction.	71

Sur 48 accusés de crime, en 1873, on a compté :

Accusés ne sachant ni lire ni écrire.	14
— sachant lire ou écrire imparfaitement. .	26
— sachant bien lire et bien écrire	6
— ayant reçu une instruction supérieure. .	2

IX. — Divisions administratives.

Le département de la Marne relève de l'archevêché de Reims (arrondissement de Reims) et de l'évêché de Châlons (les 4 autres arrondissements). — Il forme les 6e et 8e subdivisions de la 6e région militaire (Châlons). — Il ressortit : à la cour d'appel de Paris ; — à l'Académie de Paris ; — à la 7e légion de gendarmerie (Châlons) ; — à la 5e inspection des ponts et chaussées ; — à la 10e conservation des forêts (Châlons) ; — à l'arrondissement minéralogique de Troyes (division du Nord-Est). — Il comprend 5 arrondissements (Châlons, Épernay, Reims, Sainte-Ménehould, Vitry-le-François), 32 cantons, 665 communes.

Chef-lieu du département : CHALONS.

Chefs-lieux d'arrondissement : CHALONS, ÉPERNAY, REIMS, SAINTE-MÉNEHOULD, VITRY-LE-FRANÇOIS.

Arrondissement de Châlons-sur-Marne (5 cant.; 104 com.; 57,408 h.; 165,343 hect.).

Canton de Châlons-sur-Marne (16 com.; 25,678 h.; 22,218 hect.) — Aigny — Châlons-sur-Marne — Compertrix — Condé-sur-Marne — Coolus — Fagnières — Grandes-Loges (Les) — Isse — Juvigny — Recy — Saint-Étienne-au-Temple — Saint-Gibrien — Saint-Martin-sur-le-Pré — Saint-Memmie — Veuve (La) — Vraux.

Canton d'Écury-sur-Coole (28 com.; 6,617 h.; 29,264 hect.) — Athis — Aulnay-sur-Marne — Breuvery — Bussy-Lettrée — Cernon — Champigneul-Champagne — Cheniers — Cheppes — Cherville — Coupetz — Écury-sur-Coole — Fontaine-sur-Coole — Jâlons — Mairy-sur-Marne — Matougues — Nuisement-sur-Coole — Saint-Martin-aux-Champs — Saint-Pierre-aux-Oies — Saint-Quentin-sur-Coole — Sogny-aux-Moulins — Soudron — Thibie — Togny-aux-Bœufs — Vatry — Vésigneul-sur-Coole — Villers-aux-Corneilles — Vitry-la-Ville — Voucienoes.

Canton de Marson (18 com.; 6,571 h.; 35,267 hect.) — Chepy — Coupéville — Courtisols — Dampierre-sur-Moivre — Francheville — Fresne (Le) — Lépine — Marson — Moivre — Moncets — Omey — Pogny — Poix — Saint-Germain-la-Ville — Saint-Jean-sur-Moivre — Sarry — Somme-Vesle — Vésigneul-sur-Marne.

Canton de Suippes (16 com. ; 10,662 h. ; 33,128 hect.) — Billy-le-Grand — Bouy — Bussy-le-Château — Cheppe (La) — Cuperly — Dampierre-au-Temple — Jonchery-sur-Suippe — Livry — Louvercy — Mourmelon-le-Grand — Mourmelon-le-Petit — Saint-Hilaire-au-Temple — Saint-Hilaire-le-Grand — Suippes — Vadenay — Vaudemanges.

Canton de Vertus (26 com. ; 7,880 h. ; 33,019 hect.) — Aulnay-aux-Planches — Aulnizeux — Bergères-lès-Vertus — Chaintrix-Bierges — Clamanges — Coligny — Écury-le-Repos — Étréchy — Germinon — Givry-lès-Loisy — Loisy-en-Brie — Morains — Pierre-Morains — Pocancy — Rouffy — Saint-Mard-lès-Rouffy — Soulières — Toulon — Trécon — Velye — Vert-la-Gravelle — Vertus — Villeneuve-Renneville-Chevigny — Villeseneux — Voipreux — Vouzy.

Arrondissement d'Épernay (9 cant. ; 176 com. ; 97,136 h. ; 215,094 hect.)

Canton d'Anglure (19 com. ; 7,938 h. ; 18,317 hect.) — Allemanche-Launay-et-Soyer — Anglure — Bagneux — Baudement — Celle-sous-Chantemerle (La) — Chapelle-Lasson (La) — Clesles — Conflans-sur-Seine — Esclavolles — Granges-sur-Aube — Lurey — Marcilly-sur-Seine — Marsangis — Saint-Just — Saint-Quentin-le-Verger — Saint-Saturnin — Saron-sur-Aube — Villiers-aux-Corneilles — Vouarces.

Canton d'Avize (18 com. ; 9,405 h. ; 15,260 hect.) — Avize — Brugny-Vaudancourt — Chavot — Cramant — Cuis — Flavigny — Gionges — Grauves — Istres-et-Bury (Les) — Mancy — Mesnil-sur-Oger (Le) — Monthelon — Morangis — Moslins — Oger — Oiry — Plivot — Villers-aux-Bois.

Canton de Dormans (16 com. ; 10,849 h. ; 20,118 hect.) — Boursault — Breuil (Le) — Champvoisy — Comblizy — Courthiézy — Dormans — Festigny — Igny-le-Jard — Leuvrigny — Mareuil-le-Port — Nesle-le-Repons — Œuilly — Soilly — Troissy — Verneuil — Vincelles.

Canton d'Épernay (11 com. ; 24,636 h. ; 11,292 hect.) — Ablois — Chouilly — Damery — Épernay — Fleury-la-Rivière — Mardeuil — Moussy — Pierry — Vauciennes — Venteuil — Vinay.

Canton d'Esternay (23 com. ; 8,029 h. ; 28,786 hect.) — Bethon — Bouchy-le-Repos — Bricot-la-Ville — Champguyon — Chantemerle — Châtillon-sur-Morin — Courgivaux — Escardes — Essarts-lès-Sézanne (Les) — Essarts-le-Vicomte (Les) — Esternay — Forestière (La) — Joiselle — Meix-Saint-Époing (Le) — Mongenost — Nesle-la-Reposte — Neuvy — Noue (La) — Potangis — Réveillon — Saint-Bon — Saint-Genest — Villeneuve-la-Lionne.

Canton de Fère-Champenoise (19 com. ; 7,101 h. ; 38,502 hect.) — Angluzelles-et-Courcelles — Bannes — Broussy-le-Grand — Connantray-Vaurefroy — Connantre — Corroy — Courcemain — Faux-Fresnay — Fère-Champenoise — Gourgançon — Haussimont — Lenharrée — Marigny — Montépreux — Normée — Œuvy — Ognes — Thaas — Vassimont-et-Chapelaine.

Canton de Montmirail (23 com. ; 8,780 h. ; 26,038 hect.) — Bergères-sous-Montmirail — Boissy-le-Repos — Charleville — Corfélix — Corrobert — Courbetaux — Échelle (L') — Fromentières — Gault (Le) — Janvilliers

DIVISIONS ADMINISTRATIVES.

— Maclaunay — Méeringes — Montmirail — Morsains — Rieux — Soigny — Soizy-aux-Bois — Thoult-Trosnay (Le) — Tréfols — Vauchamps — Verdon — Vézier (Le) — Villeneuve-lès-Charleville (La).

Canton de Montmort (23 com. ; 7,653 h. ; 24,321 hect.) — Baizil (Le) — Bannay — Baye — Beaunay — Caure (La) — Chaltrait — Champaubert — Chapelle-sous-Orbais (La) — Coizard-Joches — Congy — Corribert — Courjeonnet — Étoges — Fèrebrianges — Lucy — Mareuil-en-Brie — Margny — Montmort — Orbais — Saint-Prix — Suizy-le-Franc — Ville-sous-Orbais (La) — Villevenard.

Canton de Sézanne (24 com. ; 12,725 h. ; 28,714 hect.) — Allemant — Barbonne-Fayel — Broussy-le-Petit — Broyes — Chichey — Fontaine-Denis-Nuisy — Gaye — Lachy — Linthelles — Linthes — Mœurs — Mondement-Montgivroux — Oyes — Péas — Pleurs — Queudes — Reuves — Saint-Loup — Saint-Remy — Saudoy — Sézanne — Verdey — Villeneuve-Saint-Vistre-Villevotte — Vindey.

Arrondissement de Reims (10 c. ; 182 com. ; 173,891 h. ; 170,417 hect.).

Canton d'Ay (19 com. ; 16,288 h. ; 10,890 hect.) — Ambonnay — Avenay — Ay — Bisseuil — Bouzy — Champillon — Cormoyeux-et-Romery — Cumières — Dizy — Fontaine — Germaine — Hautvillers — Louvois — Mareuil-sur-Ay — Mutigny — Mutry — Sainte-Imoges — Tauxières — Tours-sur-Marne.

Canton de Beine (19 com. ; 12,446 h. ; 31,790 hect.) — Aubérive — Beine — Berru — Bétheniville — Cernay-lès-Reims — Dontrien — Époye — Moronvillers — Nauroy — Nogent-l'Abbesse — Pontfaverger — Prosnes — Prunay — Saint-Hilaire-le-Petit — Saint-Martin-l'Heureux — Saint-Masmes — Saint-Souplet — Selles — Vaudesincourt.

Canton de Bourgogne (25 com. ; 18,103 h. ; 27,194 hect.) — Auménancourt-le-Grand — Aumenancourt-le-Petit — Bazancourt — Berméricourt — Boult-sur-Suippes — Bourgogne — Brimont — Caurel — Cauroy-lès-Hermonville — Cormicy — Courcy — Fresnes — Heutregiville — Isles-sur-Suippes — Lavannes — Loivre — Merfy — Pomacle — Pouillon — Saint-Étienne-sur-Suippes — Saint-Thierry — Thil — Villers-Franqueux — Warmériville — Witry-lès-Reims.

Canton de Châtillon-sur-Marne (19 com. ; 6,509 h. ; 12,861 hect.) — Anthenay — Baslieux-sous-Châtillon — Belval — Binson-Orquigny — Champlat-et-Boujacourt — Châtillon-sur-Marne — Courtagnon — Cuchery — Cuisles — Jonquery — Nanteuil-la-Fosse — Neuville-aux-Larris (La) — Olizy-et-Violaine — Passy-Grigny — Pourcy — Reuil — Sainte-Gemme — Vandières — Villers-sous-Châtillon.

Canton de Fismes (24 com. ; 12,553 h. ; 21,855 hect.) — Arcis-le-Ponsart — Baslieux-lès-Fismes — Bouvancourt — Breuil-sur-Vesle — Châlons-sur-Vesle — Chenay — Courlandon — Courville — Crugny — Fismes — Hermonville — Hourges — Jonchery-sur-Vesle — Magneux — Montigny-sur-Vesle — Mont-sur-Courville — Pévy — Prouilly — Romain — Saint-Gilles — Trigny — Unchair — Vandeuil — Vantelay.

Premier canton de Reims (5 com. ; 23,980 h. ; 6,591 hect.) — Bezannes — Ormes — Reims (Section de) — Thillois — Tinqueux.

Deuxième canton de Reims (5 com.; 41,152 h.; 2,540 hect.) — Bétheny — Champigny — Neuvillette (La) — Reims (Section de) — Saint-Brice-et-Courcelles.

Troisième canton de Reims (5 com.; 21,137 h.; 2,106 hect.) — Cormontreuil — Reims (Section de) — Saint-Léonard — Taissy — Trois-Puits.

Canton de Verzy (24 com.; 12,588 h.; 24,024 hect.) — Baconnes — Beaumont-sur-Vesle — Chamery — Champfleury — Chigny — Courmelois — Ludes — Mailly — Montbré — Petites-Loges (Les) — Puisieulx — Rilly — Sept-Saulx — Sermiers — Sillery — Thuisy — Trépail — Verzenay — Verzy — Ville-en-Selve — Villers-Allerand — Villers-aux-Nœuds — Villers-Marmery — Wez.

Canton de Ville-en-Tardenois (59 com.; 9,355 h.; 22,248 hect.) — Aougny — Aubilly — Bligny — Bouilly — Bouleuse — Branscourt — Brouillet — Chambrecy — Chaumuzy — Coulommes — Courcelles-lès-Rosnay — Courmas — Écueil — Faverolles — Germigny — Gueux — Janvry — Jouy — Lagery — Lhéry — Marfaux — Méry-Premecy — Mesneux (Les) — Muizon — Pargny — Poilly — Romigny — Rosnay — Sacy — Sainte-Euphraise-et-Clairizet — Sapicourt — Sarcy — Savigny-sur-Ardres — Serzy-et-Prin — Tramery — Treslon — Ville-Dommange — Ville-en-Tardenois — Vrigny.

Arrondissement de Sainte-Ménehould (3 cant.; 80 com.; 31,193 h.; 113,357 hect.).

Canton de Dommartin-sur-Yèvre (26 com.; 7,384 h.; 34,492 hect.) — Ante — Auve — Belval — Charmontois-l'Abbé — Charmontois-le-Roi — Châtelier (Le) — Chemin (Le) — Contaut-le-Maupas — Dampierre-le-Château — Dommartin-sur-Yèvre — Éclaires — Épense — Givry-en-Argonne — Herpont — Neuville-aux-Bois (La) — Noirlieu — Rapsécourt — Remicourt — Saint-Mard-sur-Auve — Saint-Mard-sur-le-Mont — Saint-Remy-sur-Bussy — Sivry-sur-Ante — Somme-Yèvre — Tilloy-et-Bellay — Varimont — Vieil-Dampierre (Le).

Canton de Sainte-Ménehould (30 com.; 13,868 h.; 43,291 hect.) — Argers — Braux-Sainte-Cohière — Braux-Saint-Remy — Chapelle-Felcourt (La) — Chatrices — Chaudefontaine — Courtémont — Croix-en-Champagne (La) — Dampierre-sur-Auve — Daucourt — Dommartin-la-Planchette — Dommartin-sous-Hans — Élise — Florent — Gizaucourt — Hans — Laval — Maffrécourt — Moiremont — Neuville-au-Pont (La) — Passavant — Saint-Jean-sur-Tourbe — Sainte-Ménehould — Somme-Bionne — Somme-Suippe — Somme-Tourbe — Valmy — Verrières — Villers-en-Argonne — Voilemont.

Canton de Ville-sur-Tourbe (24 com.; 9,941 h.; 34,158 hect.) — Berzieux — Binarville — Cernay-en-Dormois — Fontaine-en-Dormois — Gratreuil — Hurlus — Malmy — Massiges — Mesnil-lès-Hurlus (Le) — Minaucourt — Perthes-lès-Hurlus — Ripont — Rouvroy — Sainte-Marie-à-Py — Saint-Thomas — Servon-Melzicourt — Sommepy — Souain — Tahure — Vienne-la-Ville — Vienne-le-Château — Ville-sur-Tourbe — Virginy — Wargemoulin.

Arrondissement de Vitry-le-François (5 cant.; 125 com.; 48,152 h.; 155,833 hect.).

Canton de Heiltz-le-Maurupt (23 com.; 8,270 h.; 26,898 hect.) — Alliancelles — Bassu — Bassuet — Bettancourt-la-Longue — Bussy-le-Repos — Changy — Charmont — Doucey — Heiltz-l'Évêque — Heiltz-le-Maurupt — Jussécourt-Minecourt — Outrepont — Possesse — Rosay — Saint-Jean-devant-Possesse — Sogny-en-l'Angle — Vanault-le-Châtel — Vanault-les-Dames — Vavray-le-Grand — Vavray-le-Petit — Vernancourt — Villers-le-Sec — Vroil.

Canton de Saint-Remy-en-Bouzemont (27 com.; 7,589 h.; 28,228 hect.) — Ambrières — Arrigny — Arzillières — Blaise-sous-Arzillières — Blaise-sous-Hauteville — Brandonvillers — Bussy-aux-Bois — Champaubert-aux-Bois — Chantecoq — Châtelraould-Saint-Louvent — Châtillon-sur-Broué — Drosnay — Ecollemont — Giffaumont — Gigny-aux-Bois — Grandes-Côtes (Les) — Hauteville — Landricourt — Lignon — Margerie-Hancourt — Neuville-sous-Arzillières — Nuisement-aux-Bois — Outines — Rivières-Henruel (Les) — Saint-Chéron — Sainte-Livière — Saint-Remy-en-Bouzemont — Saint-Genest-et-Isson.

Canton de Sompuis (15 com.; 3,891 h.; 83,792 hect.) — Brébant — Chapelaine — Coole — Corbeil — Dommartin-Lettrée — Faux-sur-Coole — Humbauville — Meix-Tiercelin (Le) — Saint-Ouën-et-Domprot — Saint-Utin — Sommesous — Sompuis — Somsois — Soudé-Notre-Dame ou le-Petit — Soudé-Sainte-Croix ou le-Grand.

Canton de Thiéblemont (33 com.; 12,208 h.; 54,031 hect.) — Bignicourt-sur-Saulx — Blesmes — Brusson — Buisson (Le) — Cheminon — Cloyes-sur-Marne — Dompremy — Écriennes — Étrepy — Favresse — Haussignémont — Heiltz-le-Hutier — Isle-sur-Marne — Larzicourt — Matignicourt-et-Goncourt — Maurupt-et-le-Monthois — Moncetz-l'Abbaye — Norrois — Orconte — Pargny-sur-Saulx — Plichancourt — Ponthion — Reims-la-Brûlée — Saint-Eulien — Saint-Lumier-la-Populeuse — Saint-Vrain — Sapignicourt — Scrupt — Sermaize — Thiéblemont-Farémont — Trois-Fontaines — Vauclerc — Vouillers.

Canton de Vitry-le-François (25 com.; 16,194 h.; 30,183 hect.) — Ablancourt — Aulnay-l'Aître — Bignicourt-sur-Marne — Blacy — Chaussée (La) — Courdemanges — Couvrot — Drouilly — Frignicourt — Glannes — Huiron — Lisse — Loisy-sur-Marne — Luxémont-Villotte — Maisons-en-Champagne — Marolles — Merlaut — Pringy — Saint-Amand — Saint-Lumier-en-Champagne — Saint-Quentin-les-Marais — Songy — Soulanges — Vitry-en-Perthois — Vitry-le-François.

X. — Agriculture ; productions.

Sur les 818,044 hectares du département, on compte :

Terres labourables . . . . 585,644 hectares.
Bois 133,856

Landes. . . . . 17,431 hectares.
Vignes. 14,151
Prés. 33,832

On compte dans le département 52,521 chevaux, 151 mulets, 6,032 ânes, 93,769 animaux de l'espèce bovine, 501,098 moutons (1,012,000 kilogrammes de laine, en 1876), 60,708 porcs et 7,025 chèvres. 42,612 ruches d'abeilles ont produit, en 1876, 255,672 kilogrammes de miel et 85,224 de cire. Dans les arrondissements de Sainte-Ménehould et de Vitry, les *vaches* appartiennent généralement à la race Suisse. Leur lait est utilisé dans les importantes *fromageries* d'Heiltz-le-Maurupt, de Courtisols, etc. Les *ânes* rendent de grands services aux cultivateurs, à cause de leur petite taille, qui leur permet de transporter des charges considérables à travers les sentiers étroits des vignes. Sur les 500,000 *moutons* du département, 132,903, appartenant à une race perfectionnée de métis-mérinos, fournissent une laine recherchée pour la fabrication des mérinos, des flanelles, des casimirs, etc.

Le département de la Marne est surtout célèbre par sa production vinicole, quoiqu'il n'occupe que le 42ᵉ rang en France pour la superficie des vignobles. Ses vins blancs mousseux sont connus dans le monde entier sous le nom de **vins de Champagne**. La grande région vinicole de la Champagne comprend les coteaux de la Marne aux alentours d'Épernay, d'Ay, les côtes d'Avize, qui s'étendent au sud jusqu'aux vignobles de Vertus, et la ligne de coteaux dite *Montagne de Reims*, qui s'étend de Reims à Châlons, en séparant la Marne de la Vesle. D'un côté de la montagne, sur le versant qui descend vers la Vesle, ce sont les vins fournis par le commerce de Sillery, de Ludes, de Mailly, de Verzenay et de Verzy ; les pentes qui s'abaissent sur la Marne produisent les vins d'Ay, de Mareuil, de Bouzy, de Pierry, d'Épernay, etc., dits *vins de Rivière*. Les premiers crus de la Rivière sont fournis par le bourg d'Ay, dont le canton comprend 1,900 hectares de vignes, sur lesquels 300 environ appartiennent au vignoble d'Ay proprement dit.

Les vins de Champagne doivent leur délicatesse, leur saveur piquante, leur mousse pétillante, non seulement au sol sec, léger, pierreux, qui les produit, mais aussi aux procédés très soignés de fabrication dont ils sont l'objet. La nature du sol et le choix des cépages ne donnent pas à la liqueur toutes ses qualités, sa délicatesse, son esprit, sa ferveur soudaine ; l'art y est pour beaucoup. Le vigneron s'occupe seulement de la culture, l'industriel achète la récolte et la met en œuvre, pour préparer diversement le vin suivant le goût des consommateurs ; aussi doit-il s'entourer de tout un monde de travailleurs ; ses caves sont de véritables usines. Le grand atelier de fabrication des vins de Champagne est la ville d'Épernay. Là, dans des caves immenses, pratiquées dans un roc crayeux, se conservent les précieux vins, en bouteilles rangées par centaines de mille. A Châlons, les galeries d'une même cave n'ont pas moins de 10 kilomètres de développement et peuvent contenir plus de 3 millions de bouteilles.

Les vins de Champagne, entreposés à Épernay, à Reims, à Châlons, sont expédiés de là dans toutes les parties du monde. Les acheteurs les plus empressés sont ceux de l'Angleterre, de l'Allemagne, de la Russie, des États-Unis, de l'Amérique méridionale, des Indes et de la Sonde ; la France n'en garde que la cinquième ou sixième partie. La récolte du Champagne s'est élevée en 1873 à 22,382,000 bouteilles, et l'expédition à 18,918,000 bouteilles valant 60 millions de francs.

Outre les vins blancs, pétillants et mousseux, la Champagne produit des vins rouges de table de Bouzy, dont les crus les plus estimés en dehors de ceux que nous avons précédemment indiqués, sont les vignobles de Dizy, de Cumières, d'Hautvillers, de Vertus.

Les autres productions du département sont : le *froment*, dont le rendement excède les besoins de la consommation ; le seigle, l'orge, l'avoine, le sarrazin. Les *cultures fourragères* sont très-répandues dans l'arrondissement de Châlons ; les *cultures industrielles* (betteraves, colza, navette, lin, cameline), dans celui de Vitry. Les *asperges* de Sainte-Ménehould sont très-belles et s'exportent en grande quantité. Écury et Nuisement sont renommés pour leurs choux, Alliancelles et Tramery pour leurs haricots, Châlons pour ses melons, Courtisols et Saint-Quentin-les-Marais pour leurs navets, Angluzelles, Courville et Marigny pour leurs oignons, Serzy pour ses petits pois, etc.

La propriété est extrêmement divisée dans le département ; mais l'agriculture y a fait depuis quelques années de très-grands progrès, grâce au drainage, aux irrigations, à l'emploi des engrais, dont l'usage s'est développé à mesure que les chemins ont été améliorés. La multiplication des bestiaux et l'extension des prairies artificielles ont aussi contribué à obtenir d'heureux résultats.

En 1876, on a récolté dans le département 1,171,456 hectolitres de froment, 55,918 de méteil, 1,029,857 de seigle, 549,477 d'orge, 33,382 de sarrasin, 1,798,520 d'avoine, 828,270 de pommes de terre, 54,000 de légumes secs, 1,013,700 de betteraves, 1,776 quintaux de chanvre, et 559,736 hectolitres de vins.

Sur les 153,856 hectares boisés dans la Marne, 13,511 seulement appartiennent à l'État. Les principales *forêts* sont celles de la Montagne de Reims, d'Épernay, d'Enghien, de Vassy, de Montmort, de la Charmoye, de Vertus, des Rouges-Fossés, de Beaumont, de la Loge-du-Gault (1,200 hectares), de Traconne (5,000 hectares), de Trois-Fontaines, de Belval et d'Argonne. Dans les arrondissements de Reims et de Châlons existent de nombreuses *plantations de sapins*, qui s'étendent chaque jour et dont les bois sont exportés dans le Nord et en Belgique, pour le boisage des mines. — L'arbre fruitier le plus répandu est le *pommier*, dont les fruits servent à fabriquer de bon cidre dans les arrondissements de Sainte-Ménehould et d'Épernay. Courthiézy récolte des reines-Claude et des *cerises* estimées ; les cerises de Florent servent à fabriquer un bon kirsch. Enfin, à Vitry-le-François, existent de magnifiques *pépinières* (20 hectares).

XI. — Industrie; produits minéraux.

On extrait du minerai de fer à Cheminon. — Aux environs d'Argers et de Sermaize sont des gisements de *phosphate de chaux* ou nodules phosphatés. — 180 *tourbières*, situées dans la vallée de la Vesle et dans les marais de Saint-Gond, fournissent, chaque année, environ 80,000 quintaux métriques de combustible.

Le département de la Marne exploite des carrières de marbres-lumachelle, de *pierres meulières* (à Ablois, au Breuil, à Damery, Janvilliers, Joizelle, Margny, Montmirail, Port-à-Binson, Tauxières, Vauchamps, Verdon, Verzy, Villeneuve-lès-Charleville, la Ville-sous-Orbais, Villers-Marmery), de *grès à pavage* (à Verneuil, Villeneuve-lès-Charleville, Vincelles), de *pierres de taille* (à Fismes, Hermonville, Magneux, Sézanne, Vendeuil, Vertus, Vouzy), de *craie* (à Arcis-le-Ponsart, Châlons, Châtillon-sur-Marne, Chepy, Comblizy, Coupéville, Dormans, Loivre, Œuilly, Hermonville, l'Épine, Merfy, Pouillon, Recy, etc.), de *kaolin* (à Bouilly), d'*argile* pour les poteries et les tuileries, de marnes, de sables pour les verreries, de cendres sulfureuses employées comme engrais. — Les *calcaires travertins* de Sézanne, qui datent du commencement de la période éocène, sont bien connus des géologues, à cause des fossiles si délicats d'insectes, de larves, de nymphes, et même de fleurs, en boutons, épanouies, à demi fanées, qu'on y trouve dans la pierre.

Il existe des *sources minérales*, la plupart ferrugineuses, à Ambonnay, Baye, Boursault, Chenay, Fléchambault, Hermonville et Rosnay. Mais la plus importante est la source dite des Sarrasins, qui jaillit à 2 kilomètres environ au sud de Sermaize, dans la vallée de la Laume. Cette source (établissement thermal) donne une eau froide, sulfatée, magnésienne, bicarbonatée calcaire, ferrugineuse, limpide, inodore et d'une saveur agréable, avec un arrière-goût ferrugineux. Ces eaux, dont les propriétés ont de l'analogie avec celles des eaux de Contrexéville, sont employées en boisson, en bains et en douches pour les affections calculeuses et les chloroses.

L'industrie des habitants de la Marne se partage principalement entre la manipulation des vins mousseux (*V.* p. 50) et la **fabrication des étoffes**, dont le centre est à Reims, ville industrielle prospère. Châlons n'a qu'un rang très-inférieur, mais son école d'arts et métiers, où sont réunis 300 jeunes gens, donne à la France plusieurs de ses ouvriers contre-maîtres les plus habiles. Par la manufacture rémoise, la Marne appartient à la région industrielle du Nord français et de la Belgique. Reims emploie dans ses fabriques les trois quarts de sa population. La filature et le tissage de la laine y absorbent pour une valeur de 30 à 36 millions de francs par an de matières premières. Ses principaux produits sont les flanelles, les mérinos, les tartans, les napolitaines, les châles écossais et brochés, les circassiennes, les tissus légers pour pantalons, les couvertures, etc. Du reste, Reims modifie, suivant les fluctuations de la mode, la forme et la qualité de ses tissus. De très-importants établissements de *teinturerie* et d'apprêt, où l'on obtient toutes les variétés de couleurs et de nuances, sont établis, au nombre d'une trentaine, dans le voisinage de la ville. — D'autres manufactures de tissus existent à Bazancourt, Boult, Heutrégiville, Isle-sur-Suippe, Lavannes, Loivre, Nauroy, Pontfaverger, Saint-Hilaire-le-Petit, Selles, Suippes, Warmeriville, Vaudesincourt. Toutes ces localités ont en même temps des *filatures de laine*, ainsi que Aumenancourt-le-Grand, Bétheniville, Fismes, Montigny-sur-Vesle, Pontgivart, Saint-Brice-et-Courcelles, Saint-Gilles, Saint-Martin-l'Heureux, Vienne-le-Château. — Parmi les établissements de *peignage mécanique* de laine, le plus considérable est celui de M. Holden, à Reims. — Beine a une fabrique de barèges, étamines et burats. — L'industrie lainière occupe dans tout le département environ 30,000 ouvriers, produisant, chaque année, près de 800,000 pièces, d'une valeur de 450 millions de francs. — Fismes a des filatures de soie et de bourre de soie.

La *bonneterie* de laine (420 métiers) se confectionne surtout à Suippes et à Vienne-le-Château ; celle de coton (1800 métiers), dans l'arrondissement d'Épernay, à Bagneux, Clesles, Connantre, Faux-Fresnay, Fère-Champenoise, etc.

L'industrie métallurgique (1820 tonnes de fonte en 1878) est représentée dans le département par les *hauts fourneaux* de Lombroy et Sermaize (60 ouvriers), la *fonderie de cloches* de Vitry, les *fonderies de cuivre* de Châlons et Reims, les *fonderies de fer* de Châlons,

Reims, Sainte-Ménehould et Vitry. Sainte-Ménehould et Mourmelon-le-Grand fabriquent de la quincaillerie et de la ferronnerie ; Reims, des limes ; Cauroy-lès-Hermonville, Châlons, Cheniers, Fismes, Givry-en-Argonne, Isse, Mairy-sur-Marne, Reims, Saint-Amand, Vernancourt, la Veuve, Vitry-le-François, des *instruments agricoles;* Bassuet, Cernon et Chaintrix, des machines à battre ; Châlons, Fagnières-le-Petit, Loisy-sur-Marne, Sézanne et Warmériville, des pompes ; Bassuet, des pressoirs ; Gueux, des coffres-forts.

Il existe dans la Marne une soixantaine de *corroieries, tanneries* et *mégisseries,* à Châlons, Épernay, Orbais, Reims, Sermaize, Sézanne, Vitry-le-François, etc. Avize, Châlons et Conflans ont d'importantes *fabriques de chaussures* ; Épernay, une *fabrique de chapeaux et casquettes* (400 ouvriers des deux sexes) ; Reims et Saint-Brice, des fabriques de produits chimiques.

A Reims, plusieurs ateliers de peinture sur verre ont fourni à un certain nombre d'édifices religieux des verrières qui ne sont pas sans valeur. — Les *verreries* de Courcy, d'Épernay, du Four-de-Paris, de Loivre, la Neuvillette et Reims, livrent chaque année une quantité considérable (15,000 tonnes) de bouteilles aux fabricants de vins de Champagne. La *fabrique de verres d'optique* de Sézanne peut exporter chaque jour 200 douzaines de verres de lunettes ; la même ville et Esternay possèdent des *fabriques de porcelaines.* — Les *produits réfractaires* (poteries, tuiles, briques, tuyaux de drainage), qui, avec la chaux et le plâtre, se fabriquent dans 200 établissements, viennent d'Avize, de Dizy, Brugny, Châlons, Germaine, Giffaumont, Maurupt, Mutigny, Sermaize, Sézanne, etc. Les nombreuses *tuileries* de Pargny-sur-Saulx produisent annuellement 7 millions de tuiles, 5 millions de briques et de carreaux et 200,000 tuyaux de drainage. — Les *sucreries* d'Épernay, de Fismes, Frignicourt, Sermaize et Sainte-Ménehould, fabriquent, chaque année, pour environ 4 millions de francs de sucre et de mélasse. — Le nombre des *huileries* est à peu près égal à celui des *brasseries;* ces dernières, au nombre d'une trentaine, livrent annuellement au commerce 65,000 hectolitres de bière. Reims fabrique des biscuits, des pains d'épices et des poires tapées renommées.

Six *fabriques de papiers et de carton* (70 ouvriers), établies à Ablois, Breuvery, Chaintrix, Courlandon, l'Épine et Reims, ont produit, en 1876, 4,000 quintaux métriques de papier et de carton valant 220,000 francs. — Châlons a une fabrique de papiers peints. — Le département possède 17 *imprimeries* et plus de 30 *scieries.*

Reims a des fabriques de billards, des luthiers et six fabriques de cardes ; Châlons, une manufacture de pianos. Enfin, Ay, Condé-sur-

Marne, Esternay, Jâlons et Sézanne confectionnent de la vannerie; Florent se livre à la fabrication de la *tonnellerie*. 500 moulins à eau et une vingtaine à vapeur sont disséminés dans le pays.

XII. — Commerce, chemins de fer, routes.

Le département de la Marne *exporte :* environ 17 millions de bouteilles de vin mousseux, chaque année, en Allemagne, en Russie, en Angleterre, aux Indes et en Amérique; des grains, des bestiaux, des fruits (pommes, poires, cerises, etc.), des légumes (choux, asperges, melons, navets, haricots, etc.), des bois de sapins pour les mines du Nord, des charbons de bois, des escargots, des pierres meulières, des meules, du blanc d'Espagne, des étoffes en laine de Reims, de la bonneterie, des machines agricoles (pour l'Aisne et les Ardennes), de la soie filée de Fismes, des papiers peints, chapeaux et casquettes, chaussures, verres de lunettes, porcelaines, du sucre, des pains d'épices, biscuits et poires tapées de Reims, des pieds de cochons désossés de Sainte-Ménehould, etc.

Il *importe* pour 98 millions de francs de laines brutes destinées aux fabriques de Reims, du kaolin de la Haute-Vienne, des vins blancs de Saumur, qui sont transformés en vins de Champagne, les denrées étrangères au sol et les denrées coloniales, des articles d'ameublement et de modes, de librairie, de bijouterie, d'épicerie, et environ 1,590,000 quintaux métriques de houille provenant de Valenciennes (Nord), de la Loire, de Belgique et de Sarrebruck.

Le département de la Marne est traversé par 11 chemins de fer, ayant ensemble un développement de 480 kilomètres.

1° Le chemin de fer *de Paris à Strasbourg* passe du département de l'Aisne dans celui de la Marne à 5 kilomètres en deçà de la gare de Dormans. Outre cette station, il dessert celles de Port-à-Binson, Damery, Épernay, Oiry-Mareuil, Jâlons, Châlons-sur-Marne, Coolus, Vitry-la-Ville, Loisy, Vitry-le-François, Blesme, Pargny et Sermaize. Au delà, il entre dans le département de la Meuse. Parcours, 115 kilomètres.

2° Le chemin de fer *d'Épernay à Reims* (30 kilomètres) a pour stations intermédiaires Ay, Avenay, Germaine et Rilly-la-Montagne.

3° Le chemin de fer *de Reims à Soissons* passe à Muizon, Jonchery-sur-Vesle et Fismes, avant d'entrer dans le département de l'Aisne, après un parcours de 27 kilomètres.

4° Le chemin de fer *de Reims à Laon* n'a qu'une station dans la Marne, celle de Loivre, et un développement de 16 kilomètres.

5° Le chemin de fer *de Reims à Mézières* dessert Witry-lès-Reims et Bazancourt, puis entre dans les Ardennes. Longueur, 16 kilomètres.

6° L'embranchement *de Bazancourt à Bétheniville* (17 kil.), qui remonte la vallée de la Suippe, dessert les stations de Isle-sur-Suippes, Warmeriville, Heutrégiville, St-Masmes, Pontfaverger et Bétheniville.

7° La ligne *d'Oiry à Romilly* a pour stations Avize, Mesnil-sur-Oger, Vertus, Colligny, Morains-Aulnay, Fère-Champenoise, Connantre, Linthes-Pleurs, Sézanne, Barbonne, Saint-Quentin, Anglure et Saint-Just. Elle pénètre dans le département de l'Aube à 3 kilomètres en deçà de Romilly. Longueur, 44 kilomètres.

8° Le chemin de fer *de Châlons à Reims* (57 kilomètres) a pour stations intermédiaires la Veuve, Saint-Hilaire-au-Temple, Mourmelon, Sept-Saulx, Thuisy et Sillery.

9° Le chemin de fer *de Saint-Hilaire-au-Temple à Metz* passe à Cuperly, Suippes, Somme-Tourbe, Somme-Bionne, Valmy et Sainte-Menehould. Il entre dans la Meuse à 1 kilomètre en deçà de la station des Islettes. Parcours, 52 kilomètres.

10° Le chemin de fer *de Châlons à Troyes* dessert Coolus, Écury, Nuisement, Bussy-Lettrée et Sommesous. Au delà, il passe dans le département de l'Aube. Parcours, 25 kilomètres.

11° Le chemin de fer *de Blesmes à Saint-Dizier et à Chaumont* ne dessert qu'une gare, celle de Saint-Eulien, entre Blesmes et la limite du département de la Haute-Marne. Parcours, 8 kilomètres.

Les voies de communication comprennent 6299 kil. 1/2, savoir :

11 chemins de fer.		480 kil.
8 routes nationales.		590
18 routes départementales		571
5,413 chemins vicinaux . . . . { 31 de grande communication . . .	651	} 4,302
46 de moyenne communication . .	797	
3,366 de petite communication . .	2,854	
3 rivières navigables.		195
4 canaux.		161 1/2

XIII. — Dictionnaire des communes.

Ablancourt, 226 h., c. de Vitry-le-François.

Ablois-Saint-Martin, 1,447 h., c. d'Épernay. ⟶ Beau château moderne. — Au milieu de pittoresques rochers, source du Sourdon (115 lit. par seconde), achetée par la ville de Paris.

Aigny, 258 h., c. de Châlons.

Allemanche-Launay-Soyer, 227 h., c. d'Anglure.

Allemant, 455 h., c. de Sézanne.

Alliancelles, 403 h., c. de Heiltz-le-Maurupt.

Amand (Saint-), 1,028 h., c. de Vitry-François. ⟶ Belle église des XI°, XII°, XIII° et XV° s. (mon. hist.);

voûtes de 20 mèt. de haut; rosaces, restes de vitraux.

Ambonnay, 700 h., c. d'Ay. ⟶ A Crilly, commanderie de Malte. — Restes d'un château.

Ambrières, 337 h., c. de Saint-Remy. ⟶ Bâtiments et cloître de l'ancienne abbaye de Toussaint.

Anglure, 805 h., ch.-l. de c. de l'arrond. d'Épernay, sur l'Aube et à la naissance d'un canal qui aboutit à celui de la Haute-Seine. ⟶ Dans une île de l'Aube, vieux et beau château démembré, flanqué de 2 tours. — Église du XIVe s. — Bel hôtel de ville. — Château moderne de la Belle-Assise.

Angluzelles-et-Courcelles, 324 h., c. de Fère-Champenoise.

Ante, 180 h., c. de Dommartin.

Anthenay, 155 h., c. de Châtillon.

Aougny, 162 h., c. de Ville-en-Tardenois.

Arcis-le-Ponsart, 480 h., c. de Fismes. ⟶ Église à trois nefs et transsept, du XIIe s.; parties de la Renaissance. — Abbaye d'Igny, fondée en 1126, reconstruite après 1780; chapelle élégante, richement sculptée.

Argers, 180 h., c. de Ste-Ménehould. ⟶ Redoute du temps de la Fronde.

Arrigny, 146 h., c. de Saint-Remy.

Arzillières, 340 h., c. de Saint-Remy. ⟶ Belle église.

Athis, 634 h., c. d'Écury. ⟶ Très-beau château du XVIe s.

Auberive, 517 h., c. de Beine.

Aubilly, 68 h., c. de Ville-en-Tardenois.

Aulnay-aux-Planches, 138 h., c. de Vertus.

Aulnay-l'Aître, 160 h., c. de Vitry-e-François. ⟶ Chapelle d'un ancien château fort.

Aulnay-sur-Marne, 296 h., c. d'Écury. ⟶ Belle église des XIIe et XIIIe s.

Aulnizeux, 103 h., c. de Vertus.

Aumenancourt-le-Grand, 622 h., c. de Bourgogne. ⟶ Fontaine de Saint-Firmin, pèlerinage.

Aumenancourt-le-Petit, 250 h., c. de Bourgogne. ⟶ Menhir.

Auve, 408 h., c. de Dommartin. ⟶ Église: chœur du XIIe s.; portail du XVe s. — A la Motte-aux-Vignes, deux tombelles gallo-romaines.

Avenay, 1,036 h., c. d'Ay. ⟶ Église (mon. hist.) d'une ancienne abbaye de Bénédictines; chevet carré fort curieux, du XIIe s. — Fontaine de Berthe.

Avize, 2,155 h., ch.-l. de c. de l'arrond. d'Épernay. ⟶ Église du XVe s.; flèche élancée. — Belle fontaine.

Ay, 5,063 h., ch.-l. de c. de l'arrond. de Reims, sur la Marne. ⟶ Église du XVe s.; portail sculpté.

Baconnes, 214 h., c. de Verzy. ⟶ Anciens retranchements.

Bagneux, 606 h., c. d'Anglure. ⟶ Dans l'église, des XIVe et XVe s., petit Christ très-ancien, de style byzantin.

Baizil (Le), 462 h., c. de Montmort.

Bannay, 72 h., c. de Montmort.

Bannes, 425 h., c. de Fère-Champenoise.

Barbonne-Fayel, 1,263 h., c. de Sézanne. ⟶ Église remarquable du XIIIe s. — Restes intéressants d'une commanderie de Templiers.

Baslieux-lès-Fismes, 303 h., c. de Fismes. ⟶ Église à trois nefs et transsept du XIIe s. — Belle source.

Baslieux-sous-Châtillon, 200 h., c. de Châtillon.

Bassu, 274 h., c. de Heiltz-le-Maurupt ⟶ Restes de fortifications.

Bassuet, 517 h., c. de Heiltz-le-Maurupt.

Baudement, 154 h., c. d'Anglure. ⟶ Tumulus. — Restes d'arcades antiques.

Baye, 683 h., c. de Montmort. ⟶ Magnifique château flanqué de tours, en partie du XIe s.; très-belle chapelle du XIIIe s. avec verrières de cette époque; carrelage curieux; crypte de Saint-Alpin; importante collection d'objets préhistoriques. — Curieuse église du XIIIe s.; porche ogival élégant. — Nef romane et autres débris à la chapelle royale d'Andecy.

Bazancourt, 1,171 h., c. de Bourgogne.

Beaumont-sur-Vesle, 395 h, c. de Verzy. ⟶ Église des XIIIe et XIVe s.

Beaunay, 215 h., c. de Montmort.

Beine, 1,052 h., ch.-l. de c. de

l'arrond. de Reims, sur le plateau crayeux qui sépare la Suippe de la Vesle. ⟶ Dans l'église, fonts baptismaux romans très-anciens.

Belval, 285 h., c. de Châtillon.

Belval, 248 h., c. de Dommartin.

Bergères-lès-Vertus, 582 h., c. de Vertus. ⟶ Église du XIIe s. — Belle source de la Berle.

Bergères-sous-Montmirail, 551 h., c. de Montmirail. ⟶ Beau château du XVIIe s.

Berméricourt, 85 h., c. de Bourgogne.

Berru, 872 h., c. de Beine. ⟶ Ruines de fortifications du XVIe s.

Berzieux, 287 h., c. de Ville-sur-Tourbe.

Bétheniville, 1,710 h., c. de Beine. ⟶ Église du XIIIe s.

Béthény, 680 h., 2e c. de Reims.

Béthon, 628 h., c. d'Esternay. ⟶ Église de la Renaissance; au-dessus du bénitier, Dieu de Pitié, sculpture remarquable.

Bettancourt-la-Longue, 278 h., c. de Heiltz-le-Maurupt.

Bezannes, 319 h., 1er c. de Reims. ⟶ Ancien château.

Bignicourt-sur-Marne, 95 h., c. de Vitry-le-François.

Bignicourt-sur-Saulx, 346 h., c. de Thiéblemont.

Billy-le-Grand, 60 h., c. de Suippes. ⟶ A Mont-de-Billy, tunnel (2 kil.) du canal de l'Aisne à la Marne.

Binarville, 725 h., c. de Ville-sur-Tourbe.

Binson-et-Orquigny, 491 h., c. de Châtillon.

Bisseuil, 506 h., c. d'Ay. ⟶ Église du XIIIe s.

Blacy, 581 h., c. de Vitry-le-François.

Blaise-sous-Arzillières, 209 h., c. de Saint-Remy.

Blaise-sous-Hauteville, 168 h., c. de Saint-Remy.

Blesmes, 401 h., c. de Thiéblemont. ⟶ Église: abside du XIIIe s.

Bligny, 101 h., c. de Ville-en-Tardenois.

Boissy-le-Repos, 502 h., c. de Montmirail.

Bon (Saint-), 226 h., c. d'Esternay.

Bouchy-le-Repos, 500 h., c. d'Esternay. ⟶ Portail de l'église du XIIIe s.; bonne statue en pierre de sainte Barbe. — Ruines du château de Mont-Aiguillon.

Bouilly, 159 h., c. de Ville-en-Tardenois.

Bouleuse, 125 h., c. de Ville-en-Tardenois.

Boult-sur-Suippe, 1,455 h., c. de Bourgogne.

Bourgogne, 948 h., ch.-l. de c. de l'arrond. de Reims, sur le plateau qui sépare la Suippe du canal de l'Aisne. ⟶ Église du XIIIe s. (mon. hist.).

Boursault, 706 h., c. de Dormans. ⟶ Magnifique château moderne, style de la Renaissance.

Bouvancourt, 214 h., c. de Fismes. ⟶ A Vaux-Varennes, restes d'un château. — Sur le versant d'une colline de 257 mèt., source de Saint-Aubeuf, pèlerinage. — A Châlons-le-Vergeux, château avec une élégante chapelle.

Bouy, 350 h., c. de Suippes.

Bouzy, 639 h., c. d'Ay.

Brandonvillers, 237 h., c. de St-Remy.

Branscourt, 220 h., c. de Ville-en-Tardenois.

Braux-Sainte-Cohière, 167 h., c. de Sainte-Ménehould.

Braux-Saint-Remy, 154 h., c. de Sainte-Ménehould.

Brébant, 167 h., c. de Sompuis.

Breuil, 560 h., c. de Dormans.

Breuil-sur-Vesle, 161 h., c. de Fismes. ⟶ Église de la fin du XIIe s. — A la ferme de Voisin, bâtiments d'exploitation (XIIIe s.) qui dépendaient de l'abbaye d'Igny. — Beau château moderne de la Ville-aux-Bois.

Breuvery, 145 h., c. d'Écury.

Brice-et-Courcelles (Saint-) 941 h., 2e c. de Reims.

Bricot-la-Ville, 50 h., c. d'Esternay.

Brimont, 810 h., c. de Bourgogne ⟶ Belle église.

Brouillet, 118 h., c. de Ville-en-Tardenois.

Broussy-le-Grand, 555 h., c. de Fère-Champenoise.

Broussy-le-Petit, 225 h., c. de Sézanne.

Broyes, 726 h., c. de Sézanne. ⟶ Château ruiné.

Brugny-Vaudancourt, 519 h., c. d'Avize. ⟶ Beau château gothique.

Brusson, 172 h., c. de Thiéblemont.

Buisson (Le), 245 h., c. de Thiéblemont.

Bussy-aux-Bois, 109 h., c. de Saint-Remy. ⟶ Ruines d'un ancien château entouré de fossés.

Cathédrale de Châlons (V. p. 60).

Bussy-le-Château, 535 h., c. de Suippes.

Bussy-le-Repos, 521 h., c. de Heiltz-le-Maurupt.

Bussy-Lettrée, 512 h., c. d'Écury. ⟶ Église avec porche roman ; beau retable au maître-autel.

Caure (La), 190 h., c. de Montmort.

Caurel, 514 h., c. de Bourgogne. ⟶ Fossés autour du village. — Église ogivale; vaste bénitier en marbre finement sculpté.

Cauroy-lès-Hermonville, 587 h., c. de Bourgogne. ⟶ Église (mon. hist.).

Celle-sous-Chantemerle (La), 450 h., c. d'Anglure.

Cernay-en-Dormois, 816 h., c. de Ville-sur-Tourbe. ⟶ Très-belle église du XIII° s.; flèche élégante; curieux chapiteaux des XIV° et XV° s.; clefs de voûte ornées de têtes de Christ; retable en bois peint et doré du XVI° s.; curieuse pierre tombale de la même époque. — Restes des remparts.

Cernay-lès-Reims, 757 h., c. de Beine.

Cernon, 168 h., c. d'Écury. ⟶ Château du XVII° s.; parc dessiné par Le Nôtre.

Chaintrix-Bierges, 271 h., c. de Vertus.

Châlons-sur-Marne, ch.-l. du départ. de la Marne, V. de 20,236 h., situé sur les rivières de Mau, de Nau, de la Marne et sur le canal de la Marne au Rhin. En 1776, on a éloigné la Marne de la ville, en lui creusant un nouveau lit à 200 mèt. de l'enceinte; son ancien lit forme maintenant un canal. 22 ponts facilitent les communications; le pont (3 arches) voisin du chemin de fer est remarquable. ⟶ La *cathédrale Saint-Étienne* (mon. hist.), brûlée en 1138 et 1230, est encore, malgré les additions qui eurent lieu sous Louis XIV, une belle église du XIII° s.; chapelles du chœur et de la nef (XIV° s.); 2 clochers, l'un roman, l'autre ogival; le portail et les contre-forts sont du XVII° s.; le portail S. a été terminé en 1850. On remarque à l'intérieur: le maître-autel, surmonté d'un baldaquin que supportent 6 colonnes de marbre; plusieurs chapelles curieuses; de beaux restes de vitraux; deux tableaux de Louis Boullongne; un tableau (retouché) du XV° s. (*la Consécration de la cathédrale par Eugène III*); un grand *buffet d'orgues* (1852); le pavé, presque entièrement formé de pierres tombales du XIII° au XVI° s. — *Notre-Dame* (mon. hist.), édifice romano-ogival (1158-1322), restaurée avec goût et flanquée de quatre belles tours, avec flèches de plomb. Nous signalerons à l'intérieur de belles pierres tombales, de magnifiques vitraux du XVI° s. et de beaux canons d'autel de 1755. — *Église Saint-Alpin* (mon. hist.), des XII°, XV° et XVI° s.; beaux vitraux; *Christ* d'Albert Dürer; tableaux des frères Bassan. — A *Saint-Loup* (XV° s., portail du XVII°), beau triptyque de l'*Adoration des Mages*, dont la peinture intérieure est attribuée au Primatice, et statue en bois du XVI° s., représentant *saint Christophe*. — A *Saint-Jean* (mon. hist. des XII°, XIV° et XV° s.), toile de Philippe de Champaigne représentant *saint Sébastien*. — La *chapelle Sainte-Pudentienne* est visitée annuellement par près de 50,000 pèlerins. — *Hôtel de ville* (1771). — *Bibliothèque* (35,000 vol.) occupant le petit hôtel de ville. — *Préfecture*, ancien hôtel de l'Indépendance, bâti de 1759 à 1764, agrandi en 1846 et 1847. — Les *Archives départementales*, l'une des collections les plus importantes de la France, sont conservées dans un bâtiment spécial situé en face de la préfecture. — *Hôpital*, construit en 1572, agrandi en 1847. — Ancienne *abbaye de Toussaints*, restaurée pour servir d'école normale. — *Caserne de cavalerie*, sur l'emplacement de l'ancienne abbaye de Saint-Pierre. — *École des Arts-et-Métiers* (500 élèves), établie dans l'ancien séminaire et possédant, outre de belles collections industrielles ou scientifiques, une élégante *chapelle*. — *Collége*, ancienne maison des Jésuites, dont la chapelle offre une réduction de l'église Saint-Paul de Paris. — La *manutention militaire* est installée dans l'ancien couvent de *Vinetz* (XVIII° s.). — Le *théâtre* (1771) a été restauré en 1840. — *Porte Sainte-Croix*, arc de triomphe inachevé, élevé en 1770. — *Pont des Archers* (XVII° et XVIII° s.). — *Pont de l'Arche-Mauvilain* (1550). — *Tourelle* du bastion d'Aumale. — La magnifique promenade du *Jard* (8 hect.) borde le canal de la Marne (36 allées).

Châlons-sur-Vesle, 98 h., c. de Fismes. ⟶ Tumulus.
Chaltrait, 168 h., c. de Montmort.
Chambrecy, 134 h., c. de Ville-en-Tardenois.
Chamery, 473 h., c. de Verzy. ⟶ Église des xiie, xiiie et xve s.; flèche de 15 mèt., sur une tour octogonale.
Champaubert, 224 h., c. de Montmort. ⟶ Église romane; deux belles statues du xive s. — Monument commémoratif de la célèbre bataille de

Église Notre-Dame, à Châlons (V. p. 60).

1814. Un boulet est encastré dans le mur de la ferme où Napoléon passa la nuit.
Champaubert-aux-Bois, 574 h., c. de Saint-Remy.
Champfleury, 228 h., c. de Verzy.
Champguyon, 101 h., c. d'Esternay.
Champigneul-Champagne, 591 h. c. d'Écury.
Champigny, 162 h., 2e c. de Reims.
Champillon, 347 h., c. d'Ay.
Champlat-et-Boujacourt, 226 h., c. de Châtillon.

Champvoisy, 447 h., c. de Dormans. ⟶ A la Chapelle-Hurlay, chapelle ogivale d'un prieuré.

Changy, 225 h., c. de Heiltz-le-Maurupt.

Chantecoq, 125 h., c. de St-Remy.

Chantemerle, 144 h., c. d'Esternay.

Chapelaine, 135 h., c. de Sompuis.

Chapelle-Felcourt (La), 110 h., c. de Sainte-Ménehould.

Chapelle-Lasson (La), 186 h., c. d'Anglure. ⟶ Église romane attribuée aux Templiers.

Chapelle-sous-Orbais (La), 107 h., c. de Montmort.

Charleville, 114 h., c. de Montmirail.

Charmont, 952 h., c. de Heiltz-le-Maurupt.

Charmontois-l'Abbé, 240 h., c. de Dommartin.

Charmontois-le-Roi, 253 h., c. de Dommartin.

Châtel-Raoul-Saint-Louvent, 261 h., c. de Saint-Remy.

Châtelier (Le), 282 h., c. de Dommartin.

Châtillon-sur-Broué, 160 h., c. de Saint-Remy.

Châtillon-sur-Marne, 879 h., ch.-l. de c. de l'arrond. de Reims. ⟶ Ruines de l'ancien château fort.

Châtillon-sur-Morin, 517 h., c. d'Esternay.

Chatrices, 132 h., c. de Sainte-Ménehould.

Chaudefontaine, 418 h., c. de Sainte-Ménehould. ⟶ Caves de l'ancien prieuré.

Chaumuzy, 660 h., c. de Ville-en-Tardenois. ⟶ Source de Saint-Remy, ornée de trois grossières statues.

Chaussée (La), 682 h., c. de Vitry-le-François.

Chavot, 366 h., c. d'Avize.

Chemin (Le), 225 h., c. de Dommartin.

Cheminon, 1,280 h., c. de Thiéblemont. ⟶ Très-belle église ogivale (mon. hist.).

Chenay, 310 h., c. de Fismes.

Cheniers, 112 h., c. d'Écury.

Cheppe (La), 335 h., c. de Suippes. ⟶ Le camp dit d'Attila (mon. hist.), attribué aux Romains, utilisé peut-être par les Huns, est de forme ovale. Il s'appuie sur la Noblette, et est défendu, des trois autres côtés, par un fossé de 6 à 7 mèt. de profond. sur 25 de larg.; le pourtour est de 1,765 mèt. (32 hect.). Quelques auteurs pensent que ce fut d'abord l'*oppidum* gaulois du Châlonnais. — Dans l'église, cloche du XVIe s.

Cheppes, 367 h., c. d'Écury.

Chepy, 501 h., c. de Marson.

Cheron (St-), 154 h., c. de St-Remy.

Cherville, 79 h., c. d'Écury.

Chichey, 134 h., c. de Sézanne.

Chigny, 570 h., c. de Verzy. ⟶ Église en partie romane (nefs), en partie du style ogival flamboyant.

Chouilly, 978 h., c. d'Épernay.

Clamanges, 290 h., c. de Vertus.

Clesles, 775 h., c. d'Anglure.

Cloyes-sur-Marne, 176 h., c. de Thiéblemont.

Coizard-Joches, 291 h., c. de Montmort.

Coligny, 239 h., c. de Vertus.

Comblizy, 105 h., c. de Dormans. ⟶ Château ruiné.

Compertrix, 147 h., c. de Châlons. ⟶ Château de Beauregard.

Condé-sur-Marne, 863 h., c. de Châlons.

Conflans, 742 h., c. d'Anglure. ⟶ Église : chœur du XIVe s.; retable et sculptures de la Renaissance.

Congy, 597 h., c. de Montmort. ⟶ Beau château; dolmens, menhirs et cromlechs dans le parc.

Connantray-Vaurefroy, 517 h., c. de Fère-Champenoise.

Connantre, 660 h., c. de Fère-Champenoise.

Contault, 176 h., c. de Dommartin. ⟶ Ruines d'un château.

Coole, 270 h., c. de Sompuis.

Coolus, 165 h., c. de Châlons.

Corbeil, 180 h., c. de Sompuis.

Corfélix, 190 h., c. de Montmirail.

Cormicy, 1,284 h., c. de Bourgogne.

Cormontreuil, 607 h., 3e c. de Reims. ⟶ Belle église ogivale.

Cormoyeux-et-Romery, 457 h., c. d'Ay.

Corribert, 150 h., c. de Montmort.

DICTIONNAIRE DES COMMUNES.

➤ Église du XIIᵉ s.; clocher ogival très-élancé; sculptures au portail.

Corrobert, 239 h., c. de Montmirail.

Corroy, 276 h., c. de Fère-Champenoise. ➤ Belle et vaste église.

Coulommes, 205 h., c. de Ville-en-Tardenois.

Coupetz, 124 h., c. d'Écury.

Coupéville, 273 h., c. de Marson.

Courbetaux, 229 h., c. de Montmirail. ➤ Ancienne abbaye de Notre-Dame-de-la-Grâce.

Courcelles-lès-Rosnay, 116 h., c. de Ville-en-Tardenois.

Courcemain, 265 h., c. de Fère-Champenoise.

Courcy, 890 h., c. de Bourgogne.

Courdemanges, 277 h., c. de Vitry-le-François.

Courgivaux, 448 h., c. d'Esternay. ➤ Dans l'église, deux belles coquilles servant de bénitiers.

Courjeonnet, 132 h., c. de Montmort.

Courlandon, 147 h., c. de Fismes.

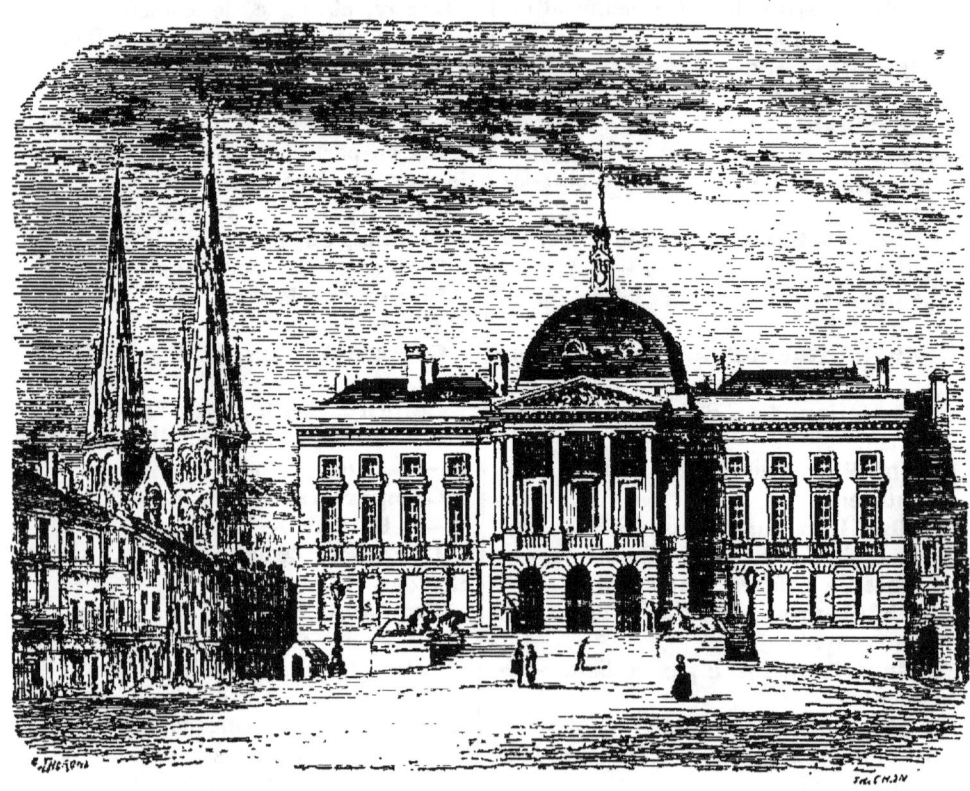

Hôtel de ville de Châlons (V. p. 60).

➤ Restes d'un château fort dont le moulin subsiste encore.

Courmas, 180 h., c. de Ville-en-Tardenois.

Courmelois, 140 h., c. de Verzy. ➤ Église du XIIIᵉ et du XVIᵉ s. — Château moderne (chapelle ogivale).

Courtagnon, 52 h., c. de Châtillon.

Courtémont, 298 h., c. de Sainte-Ménehould. ➤ Église ogivale. — Ancien manoir de Saint-Hilairemont.

Courthiézy, 569 h., c. de Dormans.

Courtisols, 1,555 h., c. de Marson. ➤ Église Saint-Martin, à trois nefs, bien conservée; le portail principal se compose de trois portes accolées, deux du XIIIᵉ s., une du XVIᵉ s.; beaux chapiteaux représentant des figures fantastiques; dans le chœur, roman, joli groupe de l'*Ensevelissement de la Vierge*. — Église Saint-Memmie; clocher roman.

Courville, 422 h., c. de Fismes. ➤ Ruines d'un vaste château, où

Mazarin fut détenu. — Belle église du xi° ou du xii° s. (mon. hist.); 3 nefs et transsept; chapelle, dite de Mazarin (1284), qui fut celle du château.

Couvrot, 314 h., c. de Vitry-le-François.

Cramant, 673 h., c. d'Avize.

Croix-en-Champagne (La), 129 h., c. de Sainte-Ménehould. ⟶ Tombelles.

Crugny, 814 h., c. de Fismes. ⟶ Église du xi° et du xii° s.

Cuchery, 440 h., c. de Châtillon.

Cuis, 463 h., c. d'Avize. ⟶ Dans l'église, chapiteaux curieux.

Cuisles, 226 h., c. de Châtillon.

Cumières, 1,246 h., c. d'Ay. ⟶ Fontaine pétrifiante.

Cuperly, 275 h., c. de Suippes. ⟶ Église: abside du xii° s.; tour du xiii°; clocher du xvi°.

Damery, 1,785 h., c. d'Épernay. ⟶ Constructions romaines; cimetière gallo-romain. — Église du xii° et du xiii° s.; flèche du xvi°.

Dampierre-au-Temple, 87 h., c. de Suippes.

Dampierre-le-Château, 267 h., c. de Dommartin.

Dampierre-sur-Auve, 57 h., c. de Sainte-Ménehould.

Dampierre-sur-Moivre, 168 h., c. de Marson.

Daucourt, 151 h., c. de Sainte-Ménehould. ⟶ Église nouvellement restaurée.

Dizy, 1,639 h., c. d'Ay, sur la Marne (pont de 7 arches).

Dommartin-la-Planchette, 129 h., c. de Sainte-Ménehould.

Dommartin-Lettrée, 258 h., c. de Sompuis.

Dommartin-sous-Hans, 112 h., c. de Sainte-Ménehould.

Dommartin-sur-Yèvre, 202 h., ch.-l. de c. de l'arr. de Ste-Ménehould.

Domremy, 131 h., c. de Thiéblemont.

Dontrien, 416 h., c. de Beine.

Dormans, 2,146 h., ch.-l. de c. de l'arrond. d'Épernay. ⟶ Église ogivale (mon. hist.); beau clocher couronné par quatre pignons (xiii° s.). — Beau château entouré d'un parc. — Restes de remparts.

Doucey, 205 h., c. de Heiltz-le-Maurupt.

Drosnay, 516 h., c. de Saint-Remy.

Drouilly, 143 h., c. de Vitry-le-François.

Échelle (L'), 246 h., c. de Montmirail.

Éclaires, 329 h., c. de Dommartin.

Écollemont, 100 h., c. de St-Remy.

Écriennes, 218 h., c. de Thiéblemont.

Écueil, 286 h., c. de Ville-en-Tardenois.

Écury-le-Repos, 164 h., c. de Vertus.

Écury-sur-Coole, 357 h., ch.-l. de c. de l'arrond. de Châlons.

Élise, 136 h., c. de Ste-Ménehould.

Épense, 321 h., c. de Dommartin.

Épernay, 15,506 h., ch.-l. d'arrond., sur la Marne. ⟶ L'église, reconstruite de 1828 à 1831, a conservé une belle entrée latérale de la Renaissance (mon. hist.) et de beaux vitraux. — La *chapelle Saint-Laurent* est l'édifice le plus ancien de la ville. — Beau *palais de justice* (1855). — Dans la rue Flodoard, restes d'un *édifice* du xvi° s. — Sur un coteau, au faubourg de *la Folie*, beaux hôtels modernes; château Périer — Vaste promenade du *Jard*. — Place de *l'Église* (jolie fontaine avec une statue en bronze). — Caves creusées dans le tuf et contenant des millions de bouteilles de vin de Champagne.

Époye, 467 h., c. de Beine.

Escardes, 136 h., c. d'Esternay.

Esclavolles, 161 h., c. d'Anglure.

Essarts-le-Vicomte (Les), 257 h., c. d'Esternay.

Essarts-lès-Sézanne (Les), 411 h., c. d'Esternay.

Esternay, 1,529 h., ch.-l. de c. de l'arrond. d'Épernay, sur le Grand-Morin. ⟶ Beau château moderne.

Étienne-au-Temple (Saint-), 269 h., c. de Châlons.

Étienne-sur-Suippe (Saint-), 275 h., c. de Bourgogne.

Étoges, 551 h., c. de Montmort. ⟶ Église du xii° s.; abside ogivale; très-joli portail de la Renaissance; sculptures curieuses; restes de vitraux; bas-relief en bois doré représentant le sacrifice d'Abraham. — Très-beau château du xvii⁰ s., entouré de fossés et flanqué de tours; remarquable galerie généalogique de la famille d'Anglure avec portraits curieux (1686). Cour d'honneur fort belle, séparée d'une autre cour par une grille ouvragée.

Étréchy, 160 h., c. de Vertus.

Étrepy, 301 h., c. de Thiéblemont.
⟶ Château des xiv⁰ et xvi⁰ s.; salle des gardes bien conservée.

Eulien (Saint-), 133 h., c. de Thiéblemont.

Euphraise-et-Clairizet (Sainte-), 198 h., c. de Ville-en-Tardenois.

Fagnières, 1,047 h., c. de Châlons.
⟶ Église du xii⁰ et du xv⁰ s.; curieux fonts baptismaux. — Ancien château.

Faux-Fresnay, 670 h., c. de Fère-Champenoise.

Faux-sur-Coole, 75 h., c. de Sompuis.

Faverolles-et-Coëmy, 372 h., c. de Ville-en-Tardenois.

Favresse, 254 h., c. de Thiéblemont.

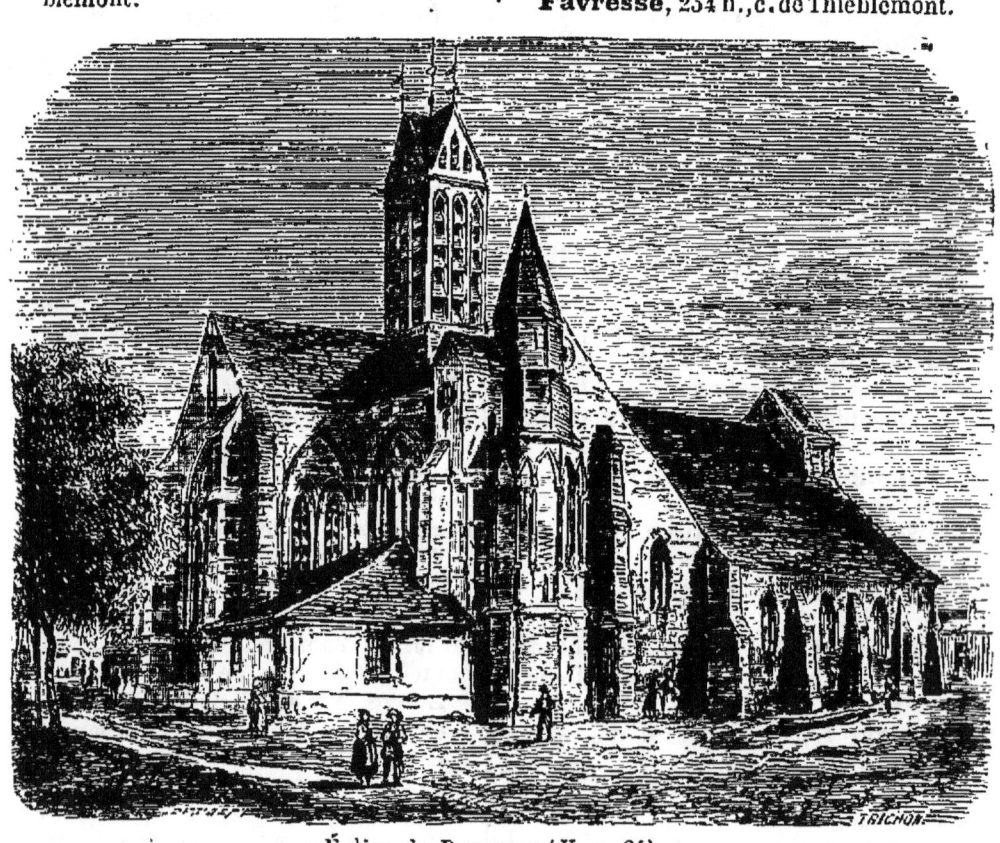

Église de Dormans (V. p. 64).

Fère-Champenoise, 1,940 h., ch.-l. de c. de l'arr. d'Épernay. ⟶ Église; chœur et tour du xiii⁰ s. Anciens fossés.

Férébrianges, 331 h., c. de Montmort. ⟶ Église ogivale; jolie flèche; restes de vitraux du xiii⁰ s.

Festigny, 617 h., c. de Dormans.

Fismes, 3,218 h., ch.-l. de c. de l'arrond. de Reims, sur la Vesle et l'Ardre. ⟶ Fismes est le *Fines Suessionum* des Commentaires de César. —
Église des xiii⁰ et xvi⁰ s. (abside romane). — Petit oratoire des xiii⁰ et xv⁰ s.— Vieux remparts servant de promenades et percés de quatre portes curieuses. — Hôtel-Dieu fondé vers 1400. — A Villette, ancien château à tourelles. — Ancienne ladrerie transformée en habitation.

Flavigny, 155 h., c. d'Avize.

Fleury-la-Rivière, 827 h., c. d'Épernay.

Florent, 786 h., c. de Ste-Ménehould.
Fontaine, 182 h., c. d'Ay.
Fontaine-Denis-Nuisy, 803 h., c. de Sézanne. →→→ Château ruiné.
Fontaine-en-Dormois, 147 h., c. de Ville-sur-Tourbe.
Fontaine-sur-Coole, 129 h., c. d'Écury. →→→ Église du xie s.
Forestière (La), 134 h., c. d'Esternay.
Francheville, 152 h., c. de Marson.
Fresne, 300 h., c. de Bourgogne.
Fresne (Le), 141 h., c. de Marson.
Frignicourt, 451 h., c. de Vitry-le-François.
Fromentières, 523 h., c. de Montmirail. →→→ Dans l'église, beau retable du xvie s. et carreaux émaillés.
Gault (Le), 665 h., c. de Montmirail. →→→ A Recoude, tour de la Maison-Dieu.
Gaye, 631 h., c. de Sézanne.
Gemme (Sainte-), 518 h., c. de Châtillon.
Genest (St-), 92 h., c. d'Esternay.
Germain-la-Ville (Saint-), 462 h., c. de Marson.
Germaine, 450 h., c. d'Ay. →→→ Tunnel du chemin de fer d'Épernay à Reims (3,450 mèt.).
Germigny, 155 h., c. de Ville-en-Tardenois.
Germinon, 254 h., c. de Vertus.
Gibrien (St-), 105 h., c. de Châlons.
Giffaumont, 558 h., c. de St-Remy.
Gigny-aux-Bois, 299 h., c. de Saint-Remy.
Gilles (Saint-), 346 h., c. de Fismes. →→→ Église romane.
Gionges, 150 h., c. d'Avize.
Givry-en-Argonne, 598 h., c. de Dommartin.
Givry-lès-Loisy, 150 h., c. de Vertus.
Gizaucourt, 285 h., c. de Ste-Ménehould. →→→ Château; beaux jardins.
Glannes, 253 h., c. de Vitry-le-François.
Gourgançon, 316 h., c. de Fère-Champenoise.
Grandes-Côtes (Les), 531 h., c. de Saint-Remy.
Grandes-Loges (Les), 167 h., c. de Châlons.

Granges-sur-Aube, 311 h., c. d'Anglure.
Gratreuil, 121 h., c. de Ville-sur-Tourbe.
Grauves, 522 h., c. d'Avize.
Gueux, 627 h., c. de Ville-en-Tardenois. →→→ Château de style ogival.
Hans, 583 h., c. de Sainte-Ménehould. →→→ Église du xie et du xiiie s., remaniée aux xive et xve s. A l'intérieur, jolies arcatures du xiiie s., appliquées au mur; chapelles carrées de la même époque avec chapiteaux curieusement sculptés.—Château du Val-de-Dampierre.—A 1 kil., butte de 25 m., appelée la *Justice*.
Haussignémont, 178 h., c. de Thiéblemont.
Haussimont, 170 h., c. de Fère-Champenoise.
Hauteville, 300 h., c. de St-Remy.
Hautvillers, 977 h., c. d'Ay. →→→ Église abbatiale du xiie s. — Restes de l'abbaye bénédictine, reconstruite après les guerres du xvie s.
Heiltz-l'Évêque, 354 h., c. de Heiltz-le-Maurupt. →→→ Église du xiie s.
Heiltz-le-Hutier, 264 h., c. de Thiéblemont.
Heiltz-le-Maurupt, 775 h., ch.-l. de c. de l'arrond. de Vitry-le-François. →→→ Très belle église ogivale; vitraux du xvie s.; clocher surmonté d'une haute flèche. — Ancien prieuré d'Ulmoy, fondé en 1172.
Hermonville, 1,255 h., c. de Fismes. →→→ Belle église du xiie s.
Herpont, 367 h., c. de Dommartin.
Hilaire-au-Temple (Saint-), 180 h., c. de Suippes.
Hilaire-le-Grand (St-), 594 h., c. de Suippes. →→→ Restes de remparts, d'un fossé du xvie s. et de buttes élevées.
Hilaire-le-Petit (Saint-), 667 h., c. de Beine.
Hourges, 131 h., c. de Fismes. →→→ Dans l'église, belles pierres tombales; anciens bas-reliefs.
Heutrégiville, 775 h., c. de Bourgogne.
Huiron, 274 h., c. de Vitry-le-François.
Humbauville, 155 h., c. de Sompuis.
Hurlus, 141 h., c. de Ville-sur-

Château Perier, à Épernay (V. p. 64).

Tourbe. ➡ Église; sanctuaire du XIIIᵉ s.

Igny-le-Jard, 546 h., c. de Dormans.
Imoges (Saint-), 285 h., c. d'Ay.
Isle-sur-Marne, 181 h., c. de Thiéblemont.
Isles-sur-Suippe, 790 h., c. de Bourgogne.
Isse, 129 h., c. de Châlons.
Istres-et-Bury (Les), 120 h., c. d'Avize.
Jâlons, 517 h., c. d'Écury. ➡ Église romane; crypte du VIIᵉ s.; porche et clocher curieux.
Janvilliers, 170 h., c. de Montmirail.
Janvry, 174 h., c. de Ville-en-Tardenois.
Jean-devant-Possesse (Saint-), 100 h., c. de Heiltz-le-Maurupt.
Jean-sur-Moivre (Saint-), 191 h., c. de Marson.
Jean-sur-Tourbe (Saint-), 272 h., c. de Sainte-Ménehould. ➡ Église du XIVᵉ s.; dans la chapelle à droite du chœur, crédence du XVᵉ s.; porche du XIIIᵉ s. Au N. et au S., élégants portails du XVᵉ s.
Joiselle, 190 h., c. d'Esternay.
Jonchery-sur-Suippe, 564 h., c. de Suippes. ➡ Restes d'un aqueduc romain.
Jonchery-sur-Vesle, 573 h., c. de Fismes. ➡ Église du XIIᵉ s.; la Visitation, peinture sur bois.
Jonquery, 131 h., c. de Châtillon.
Jouy, 125 h., c. de Ville-en-Tardenois.
Jussecourt-Minecourt, 363 h., c. de Heiltz-le-Maurupt.
Just (Saint-), 1,364 h., c. d'Anglure. ➡ Anciens fossés.
Juvigny, 515 h., c. de Châlons. ➡ Église romane. — Château du XVIIᵉ s.
Lachy, 405 h., c. de Sézanne.
Lagery, 337 h., c. de Ville-en-Tardenois.
Landricourt, 221 h., c. de St-Remy.
Larzicourt, 990 h., c. de Thiéblemont.
Laval, 148 h., c. de Ste-Ménehould. ➡ Cimetière gallo-romain ou franc.
Lavannes, 709 h., c. de Bourgogne. ➡ Église du XIIIᵉ s.; curieux clocher.

Lenharrée, 182 h., c. de Fère-Champenoise.
Léonard (St-), 63 h., 3ᵉ c. de Reims.
Lépine ou **l'Épine**, 425 h., c. de Marson. ➡ Église Notre-Dame de l'Épine (1459), but d'un pèlerinage fréquenté; trois nefs avec transsept et déambulatoire; jubé du XVIᵉ s. (piliers couronnés de beaux chapiteaux, carreaux émaillés); orgue de la même époque; reliquaire en pierre d'un travail très-délicat; statuette miraculeuse. Au portail principal, orné de nombreuses sculptures, belle rosace; à droite et à gauche, deux tours d'inégale hauteur; celle du S. est surmontée d'une flèche à jour, de 46 mèt.; les parois du portail du S. représentent des draperies habilement rendues; pignon du transsept S. terminé par une pyramide ouvragée; gargouilles grotesques couronnant l'abside.
Leuvrigny, 447 h., c. de Dormans. ➡ Grotte sépulcrale de Mizy, dallée en pierres plates calcaires et voûtée par trois pierres meulières, dont la plus grosse cube 21 mèt. et pèse 42,000 kilog.
Lhéry, 114 h., c. de Ville-en-Tardenois.
Lignon, 185 h., c. de Saint-Remy.
Linthelles, 166 h., c. de Sézanne.
Linthes, 158 h., c. de Sézanne.
Lisse, 219 h., c. de Vitry-le-François. ➡ Restes de remparts et de fossés.
Livière (Sainte-), 504 h., c. de Saint-Remy.
Livry, 241 h., c. de Suippes.
Loisy-en-Brie, 587 h., c. de Vertus ➡ Église; tour romane; porte du XIVᵉ s.; vitraux du XVIᵉ.
Loisy-sur-Marne, 710 h., c. de Vitry-le-François. ➡ Église du commencement du XIIIᵉ s.
Loivre, 1,576 h., c. de Bourgogne. ➡ Dans l'église, statue en bois, très-vénérée, de Notre-Dame de Liesse.
Loup (St-), 150 h., c. de Sézanne.
Louvercy, 200 h., c. de Suippes.
Louvois, 434 h., c. d'Ay. ➡ Église du XIIᵉ s. — Du château des marquis de Louvois, il ne reste plus que les jardins, arrangés à la moderne. Une partie de la forêt est annexée au parc.

Lucy, 135 h., c. de Montmort.
Ludes, 906 h., c. de Verzy. ⟶ Église du xv⁰ s.; tour romane.
Lumier-en-Champagne (Saint-), 371 h., c. de Vitry-le-François.
Lumier-la-Populeuse (Saint-), 80 h., c. de Thiéblemont.
Lurey, 213 h., c. d'Anglure.
Luxémont-et-Villotte, 201 h., c. de Vitry-le-François.
Maclaunay, 98 h., c. de Montmirail.
Maffrécourt, 130 h., c. de Sainte-Ménehould.
Mailly, 675 h., c. de Verzy. ⟶ Souterrain-refuge. — Château moderne de Romont; beau parc.
Mairy-sur-Marne, 367 h., c. d'Écury. ⟶ Château du xvii⁰ s.; parc dessiné par Le Nôtre.
Maisons-en-Champagne, 534 h., c. de Vitry-le-François. ⟶ Restes de fortifications. — Ruines d'un couvent. — Église (mon. hist.) du xiii⁰ s.
Malmy, 99 h., c. de Ville-sur-Tourbe.
Mancy, 148 h., c. d'Avize. ⟶ Sur l'emplacement de l'abbaye d'Argensoles, pierre tombale de Blanche de Champagne.
Marcilly-sur-Seine, 565 h., c. d'Anglure.
Mard-lès-Rouffy (Saint-), 155 h., c. de Vertus.
Mard-sur-Auve (Saint-), 152 h., c. de Dommartin.
Mard-sur-le-Mont (Saint-), 520 h., c. de Dommartin.
Mardeuil, 700 h., c. d'Épernay.
Mareuil-en-Brie, 405 h., c. de Montmort. ⟶ Église : beau porche ; à l'intérieur, grille remarquable ; retable sculpté représentant la Passion. — Château de la Renaissance; beau parc.
Mareuil-le-Port, 1,180 h., c. de Dormans. ⟶ Église ogivale ; curieux clocher haut de 55 mèt.
Mareuil-sur-Ay, 1,121 h., c. d'Ay. ⟶ Église de la fin du xii⁰ s.
Marfaux, 178 h., c. de Ville-en-Tardenois.
Margerie-Hancourt, 441 h., c. de Saint-Remy. ⟶ Église ogivale (mon. hist.) d'une ancienne abbaye.
Margny, 250 h., c. de Montmort.

Marie-à-Py (Sainte-), 565 h., c. de Ville-sur-Tourbe. ⟶ Église; beau portail du xv⁰ s.
Marigny, 156 h., c. de Fère-Champenoise.
Marolles, 147 h., c. de Vitry-le-François.
Marsangis, 88 h., c. d'Anglure.
Marson, 316 h., ch.-l. de c. de l'arrond. de Châlons.
Martin-aux-Champs (Saint-), 199 h., c. d'Écury.
Martin-l'Heureux (Saint-), 137 h., c. de Beine.
Martin-sur-le-Pré (Saint-), 151 h., c. de Châlons. ⟶ Église des xii⁰, xiv⁰ et xv⁰ s.
Masmes (St-), 589 h., c. de Beine.
Massiges, 177 h., c. de Ville-sur-Tourbe.
Matignicourt-et-Goncourt, 170 h., c. de Thiéblemont.
Matougues, 362 h., c. d'Écury.
Maurupt-et-le-Monthois, 690 h., c. de Thiéblemont. ⟶ Église (mon. hist.).
Mécringes, 225 h., c. de Montmirail. ⟶ Ruines d'une chapelle de la Maison-Dieu, fondée en 1208.
Meix-Saint-Époing (Le), 263 h., c. d'Esternay. ⟶ Fontaine Sainte-Radegonde.
Meix-Tiercelin (Le), 227 h., c. de Sompuis. ⟶ Église ogivale, ancienne chapelle de Bénédictins ; beaux chapiteaux.
Memmie (Saint-), 838 h., c. de Châlons. ⟶ Dans une chapelle, près de l'église, pierre tombale de saint Memmie.
Ménehould (Sainte-), 4,286 h., ch.-l. d'arrond., sur l'Aisne, près de son confluent avec l'Auve. ⟶ Église bâtie de 1280 à 1350; cinq nefs, celle de l'extrême droite forme trois chapelles du xiv⁰ s. ; dans le transsept, groupe de figures sculptées représentant la *Mort de la Vierge;* curieux tableau du xvii⁰ s., représentant sainte Ménehould, patronne de la ville, invoquée par deux personnages qu'on croit être Louis XIII et Richelieu; près du portail, tombeau du xv⁰ s. — Hôtel de ville du xviii⁰ s.—Deux *maisons* en bois épargnées par l'incendie de 1719, qui

détruisit la ville, rebâtie plus tard sur un plan régulier. — Monument commémoratif de la guerre 1870.

Merfy, 372 h., c. de Bourgogne.

Merlaut, 522 h., c. de Vitry.

Méry-Premecy, 99 h., c. de Ville-en-Tardenois.

Mesneux (Les), 199 h., c. de Ville-en-Tardenois.

Mesnil-lès-Hurlus (Le), 88 h., c. de Ville-sur-Tourbe. ⟶ Dans l'église, retable du xvi° s.

Mesnil-sur-Oger (Le), 1,367 h., c. d'Avize. ⟶ Église du xiii° s.; transsept et portail latéral du S., de la Renaissance; grilles du chœur, boiseries et maître-autel provenant de l'église Saint-Germain de Châlons.

Minaucourt, 245 h., c. de Ville-sur-Tourbe. ⟶ Belle église: transsept du xii° s.

Mœurs, 197 h., c. de Sézanne.

Moiremont, 467 h., c. de Sainte-Menehould. ⟶ Église; chœur du xiv° s.; nef du xv°; dans le chœur, belles stalles et boiseries du xvii° s.

Moivre, 166 h., c. de Marson.

Moncets, 275 h., c. de Marson.

Moncetz-l'Abbaye, 161 h., c. de Thiéblemont. ⟶ Ancienne abbaye de Prémontrés, fondée vers 1142.

Mondement-Montgivroux, 81 h., c. de Sézanne.

Montbré, 185 h., c. de Verzy.

Montépreux, 79 h., c. de Fère-Champenoise.

Montgenost, 291 h., c. d'Esternay.

Monthelon, 450 h., c. d'Avize.

Montmirail, 2,351 h., ch.-l. de c. de l'arrond. d'Épernay. ⟶ Belle église du xiii° s. — Château de la Rochefoucault, du xvii° s., restauré. — Ruines de la chapelle de la Basse-Chaussée. — Couvent de Notre-Dame de Nazareth. — Monument commémoratif de la victoire de Montmirail (1814). — Forêt percée de belles allées aboutissant au château de la Rochefoucault.

Montmort, 680 h., ch.-l. de c. de l'arrond. d'Épernay. ⟶ Château (mon. hist.), en briques, flanqué de tours, élevé en 1570, sur un massif fortifié du xii° s., ancienne propriété de Sully, très-bien conservé; les salles en sont toutes voûtées; donjon carré flanqué de quatre tours. On y remarque l'escalier qui monte à la plate-forme; la cuisine, au rez-de-chaussée; au 1er étage, la salle des Gardes, décorée de peintures et renfermant une cheminée, richement sculptée, soutenue par deux cariatides attribuées à Jean Goujon; à l'angle de cette salle, cabinet de travail de Sully, etc. — Église (mon. hist.) du xiii° s.; beau porche; vitraux du xvi° s.; tombeau de la duchesse d'Angoulême, veuve de Charles de Valois, fils de Charles IX. — Ancien prieuré du Mont-Armé (en partie du xiii° s.), converti en habitation particulière. — A 3 kilom. à l'E., ancienne abbaye cistercienne de la Charmoye, fondée en 1167.

Mont-sur-Courville, 150 h., c. de Fismes.

Morains, 124 h., c. de Vertus.

Morangis, 144 h., c. d'Avize.

Moronvilliers, 107 h., c. de Beine.

Morsains, 281 h., c. de Montmirail. ⟶ Vieux château. — Église; chœur, portail et clocher remarquables.

Moslins, 402 h., c. d'Avize. ⟶ Ferme d'Argensoles, reste de l'abbaye de ce nom.

Mourmelon-le-Grand, 5,750 h., c. de Suippes. ⟶ C'est sur le territoire de cette commune et de plusieurs com. avoisinantes qu'est situé le camp de Châlons.

Mourmelon-le-Petit, 1,173 h., c. de Suippes.

Moussy, 757 h., c. d'Épernay.

Muizon, 254 h., c. de Ville-en-Tardenois.

Mutigny, 95 h., c. d'Ay.

Mutry, 55 h., c. d'Ay.

Nanteuil-la-Fosse, 325 h., c. de Châtillon.

Nauroy, 179 h., c. de Beine.

Nesle-la-Reposte, 309 h., c. d'Esternay. ⟶ Église intéressante de la fin du xii° s. — Tour et chapelle d'un monastère ruiné au xvi° s.

Nesle-le-Repons, 274 h., c. de Dormans.

Neuville-au-Pont (La), 1,134 h., c. de Sainte-Menehould. ⟶ Église des xv° et xvi° s. — Au sommet de la

Côte-à-Vignes (escalier en fonte de 117 marches), fontaine qui jaillit dans une grotte renfermant une statue vénérée de sainte Ménehould.

Neuville-aux-Bois (La), 433 h., c. de Dommartin. ⟶ Dans l'église, en grande partie du xv° s., jolie crédence de cette époque. — Deux mottes féodales au Vieil-Dampierre.

Neuville-aux-Larris (La), 225 h., c. de Châtillon.

Neuville-sous-Arzillières, 78 h., c. de Saint-Remy.

Neuvillette (La), 564 h., 2° c. de Reims.

Neuvy, 379 h., c. d'Esternay. ⟶ Église fort ancienne; belle tour; dans le chœur, deux pierres tombales du xiii° s.; bonne *Descente de Croix* sculptée. — Châteaux ruinés.

Nogent-l'Abbesse, 762 h., c. de Beine.

Noirlieu, 199 h., c. de Dommartin.

Normée, 171 h., c. de Fère-Champenoise.

Norrois, 155 h., c. de Thiéblemont.

Noue (La), 412 h., c. d'Esternay.

Nuisement-aux-Bois, 102 h., c. de Saint-Remy.

Nuisement-sur-Coole, 180 h., c. d'Écury.

Œuilly, 450 h., c. de Dormans. ⟶ Restes d'un château.

Œuvy, 186 h., c. de Fère-Champenoise.

Oger, 672 h., c. d'Avize. ⟶ Église, clocher et abside de la fin du xii° s.; 48 stalles.

Ognes, 148 h., c. de Fère-Champenoise.

Oiry, 378 h., c. d'Avize.

Olizy, 216 h., c. de Châtillon.

Omey, 111 h., c. de Marson.

Orbais, 1,014 h., c. de Montmort. ⟶ Église remarquable (mon. hist.), autrefois abbatiale, de la fin du xii° s. et du commencement du xiii° s.; il n'en reste que le chœur, le transsept et une travée de la nef; vitraux et carrelage très-curieux; belles stalles en chêne sculpté, de 1520; belle flèche. — Au-dessous d'un grand nombre de maisons, voûtes immenses remontant à une haute antiquité. — Tour de Saint-Réole, reste présumé d'une maison de chasse des rois mérovingiens.

Orconte, 388 h., c. de Thiéblemont. ⟶ Église de plusieurs époques; dans le chœur (style ogival), beau vitrail du xv° s.

Ormes, 244 h., 1er c. de Reims.

Ouen-et-Drompot (Saint-), 505 h., c. de Sompuis.

Outines, 479 h., c. de Saint-Remy.

Outrepont, 180 h., c. de Heiltz-le-Maurupt.

Oyes, 191 h., c. de Sézanne.

Pargny, 210 h., c. de Ville-en-Tardenois.

Pargny-sur-Saulx, 539 h., c. de Thiéblemont. ⟶ Église : beau chœur. — Château : restes de fossés.

Passavant, 893 h., c. de Sainte-Ménehould.

Passy-Grigny, 640 h., c. de Châtillon.

Péas, 150 h., c. de Sézanne. ⟶ Église, sanctuaire et transsept du xiv° s.

Perthes-lès-Hurlus, 208 h., c. de Ville-sur-Tourbe. ⟶ Chœur de l'église, du xiv° s.; beaux vitraux.

Petites-Loges (Les), 210 h., c. de Verzy. ⟶ Sous quelques maisons, souterrains creusés dans la craie.

Pévy, 353 h., c. de Fismes. ⟶ Église en partie romane; chaire du xiv° s.; retable remarquable de la fin du xvi° s.

Pierre-aux-Oies (Saint-), 153 h., c. d'Écury.

Pierre-Morains, 170 h., c. de Vertus.

Pierry, 1,045 h., c. d'Épernay. ⟶ Église : portail roman.

Pleurs, 632 h., c. de Sézanne. ⟶ Beau château; dans la cour, ruines d'une église collégiale du xii° s.

Plichancourt, 176 h., c. de Thiéblemont.

Plivot, 469 h., c. d'Avize.

Pocancy, 283 h., c. de Vertus.

Pogny, 661 h., c. de Marson. ⟶ Église des xii°, xiii° et xvi° s.; très-belle flèche.

Poilly, 170 h., c. de Ville-en-Tardenois.

Poix, 216 h., c. de Marson. ⟶ Tombelle gallo-romaine, dite la Garenne. — Église du xii° s.

Pomacle, 340 h., c. de Bourgogne.
Pontfaverger, 2,220 h., c. de Beine.
Ponthion, 261 h., c. de Thiéblemont. ⟶ Église du xv⁶ s.
Possesse, 523 h., c. de Heiltz-le-Maurupt. ⟶ Anciens fossés. — Ruines de tours et de bastions. — Restes de l'abbaye des Mouthiers (1134), convertie en ferme.
Potangis, 203 h., c. d'Esternay.
Pouillon, 329 h., c. de Bourgogne.
Pourcy, 240 h., c. de Châtillon. ⟶ Ancien château.
Pringy, 346 h., c. de Vitry-le-François.
Prix (Saint-), 238 h., c. de Montmort. ⟶ Église; flèche élégante.
Prosnes, 466 h., c. de Beine.
Prouilly, 620 h., c. de Fismes. ⟶ Église (mon. hist.); grande nef et clocher romans; porche et chœur du xii⁶ ou du xiii⁶ s. — Tumulus.
Prunay, 470 h., c. de Beine.
Puisieulx, 214 h., c. de Verzy. ⟶ Église romane; aux vantaux du portail, belles ferrures du xv⁶ s.
Quentin-le-Verger (Saint-), 347 h., c. d'Anglure.
Quentin-les-Marais (Saint-), 155 h., c. de Vitry-le-François.
Quentin-sur-Coole (Saint-), 92 h., c. d'Écury. ⟶ Dans l'église, belle verrière du xvi⁶ s.
Queudes, 113 h., c. de Sézanne.
Rapsécourt, 154 h., c. de Dommartin.
Recy, 368 h., c. de Châlons. ⟶ Église romane fort intéressante, avec transsept, remaniée au xiv⁶ et au xv⁶ s.
Reims, V. de 81,528 h., ch.-l. d'arr., archevêché, sur la Vesle et le canal de l'Aisne à la Marne. ⟶ La *cathédrale Notre-Dame* (mon. hist.), un des plus magnifiques monuments de la France entière, fut commencée en 1212, par l'archevêque Albéric de Humbert, sous la direction successive de plusieurs architectes dont le plus connu est Robert de Coucy. La façade ne fut achevée qu'au commencement du xiv⁶ s. Les dimensions hors d'œuvre de cet admirable édifice sont : 149 mèt. 19 c. pour la longueur, et 83 mèt. pour la hauteur, du pavé de l'église au sommet des tours. Les dimensions prises dans œuvre sont : longueur, 138 mèt. 79 c.; largeur, 30 mèt. 13 c. à la nef, et 49 mèt. 45 c. à la croisée; hauteur, 37 mèt. 95 c. sous voûte. La façade de l'ouest, la plus belle qui existe sur le continent, élevée sur 5 degrés, se compose de 3 porches surmontés de gables pyramidaux et dont les parois présentent une série de statues colossales reposant sur un stylobate d'assez mauvais goût, refait probablement au xviii⁶ s. Les voussures des arcades sont peuplées d'innombrables figures dont les rangs sont séparés par des guirlandes de fleurs. L'arcade centrale mesure 11 mèt. 66 c. d'ouverture, et la porte principale est divisée par un trumeau surmonté d'une statue de la Vierge, avec bas-reliefs sur les faces. Les bas-reliefs des gables ou frontons représentent : celui du milieu, le *Couronnement de la Vierge*; celui de dr., le *Jugement dernier*; et celui de g., la *Passion*. Au-dessus de la rose, entre les tours, se voit le *Baptême de Clovis*, et, plus bas, le *Combat de David et de Goliath*. Au sommet de la façade, règne la *galerie des Rois* (statues de rois de Juda, ancêtres de la Vierge). Les deux tours, dont les flèches ont été à peine commencées, sont richement découpées à jour. Deux escaliers de 240 marches conduisent à leurs sommets. Le bourdon, fondu en 1570, pèse 11,500 kilog. Une flèche délicate, en plomb (xv⁶ s.), à l'extrémité de la toiture, sur le chœur, dite le clocher de l'Ange, est soutenue par 8 statues colossales. L'extérieur du vaisseau se fait remarquer par l'imposante sévérité de son architecture. Il est garni d'une double série de contre-forts à doubles arcs-boutants, portant des statues d'anges surmontées de dais. Autour des combles règne une riche galerie fermée d'une balustrade ogivale. Les deux portes du croisillon N., divisées chacune par un trumeau, sont ornées de belles statues, parmi lesquelles on remarque celle du *Christ bénissant*, appelée le *Beau-Dieu*, et qui est un chef-d'œuvre. Le croisillon S. n'est pas

percé e grandes portes, parce qu'il donne sur le palais archiépiscopal. Les 2 roses latérales sont splendides et entourées, à l'extérieur, de statues et de bas-reliefs. A l'intérieur, Notre-Dame se compose de trois nefs séparées par de gros piliers qui supportent une voûte d'une remarquable hardiesse. La chapelle absidale a été restaurée avec soin, décorée de peintures et de verrières, dans le goût du xiiie s. Notre-Dame est éclairée par 3 grandes roses, une rose plus petite et de nombreuses fenêtres, la plupart ornées de vitraux du xiiie s. On compte 122 statues au pourtour des 3 portes de l'O.; la grande porte est ornée, en outre, d'une grande composition représentant le *Martyre de saint Nicaise*. Au-dessus de la sacristie se voit une curieuse *horloge* en bois peint, accompagnée de nombreux personnages sculptés servant à frapper et à marquer les heures, et à indiquer les révolutions de la lune. Le tout est

Hôtel de ville de Reims (V. p. 74).

couronné par une grille élégante du xive s. L'*orgue* (3,516 tuyaux et 53 registres) n'a conservé que la galerie inférieure de l'ancien buffet du xve s. Il repose sur un encorbellement sculpté dans le style ogival flamboyant. Nous citerons encore, parmi les objets les plus remarquables de la décoration intérieure : des *tableaux* du Titien, du Tintoret, de Mutiano, de Zuccharo, de Poussin, etc.; 14 *tapisseries* avec légendes rimées, données par Robert de Lenoncourt, en 1530; les *tapisseries du Fort roi Clovis*, données en 1570 par le cardinal de Lorraine; les *tapisseries de Pepersack* (12 grandes et 7 petites), don de l'archevêque Henri de Lorraine, en 1640; les 4 *tapisseries des Cantiques*, et 2 magnifiques *tapisseries des Gobelins*, copies de deux chefs-d'œuvre conservés à Rome et exécutés sur les dessins de Raphaël.

Dans la chapelle de Saint-Jean se trouve le tombeau de Libergier (XIII° s.), architecte de l'église Saint-Nicaise de Reims, chef-d'œuvre détruit à la Révolution. Le *trésor* renferme : de précieux ouvrages d'orfèvrerie des XII°, XIII°, XIV°, XV° et XVI° s.; un fragment du bâton pastoral de saint Gibrien (fin du XI° s.); des ornements du XVII° et du XVIII° s.; le calice dit de saint Remi, œuvre byzantine, en or pur, relevé d'émaux cloisonnés, de filigranes et de pierres précieuses; et de nombreux objets provenant du sacre des rois de France, qui avait lieu presque toujours dans cette basilique.

L'*église Saint-Remi* (mon. hist.) a été reconstruite en 1049; le rond-point, le portail et les deux clochers furent bâtis en 1162; la façade du croisillon S. date de 1481. L'édifice a 110 mèt. de longueur sur 24 mèt. de largeur. Les vitraux sont fort remarquables : ceux de la nef datent de la fin du XII° s.; ceux du chœur, du XIII°. La clôture du chœur, de la Renaissance, est en marbre et d'une grande beauté. On remarque encore dans l'église : le *tombeau de saint Remi*, rétabli en 1847 dans le style de la Renaissance, et orné de 12 statues en marbre blanc de grandeur naturelle, représentant les 12 pairs de France; les châsses de l'ancienne église de Saint-Timothée et des tapisseries anciennes; des émaux de Landin, de Limoges; des pavés incrustés, etc. Contre le mur S. de la nef, à l'extérieur, se trouve le tombeau relevé d'un chevalier du XII° s., avec figure en relief. — L'*église Saint-Jacques*, bâtie en 1183 (chœur de 1548), possède des peintures du XIV° s., des tableaux remarquables, dont l'un, attribué au Guide, représente la *Sainte-Trinité*, et un beau crucifix (dans la nef), dû au ciseau de Pierre-Jacques, sculpteur qui vivait à Reims sous Henri IV. — L'*église Saint-Maurice* date de la Renaissance (nef de 1869) et possède quelques tableaux estimés, entre autres une *Nativité*, par Tisserand, et une *Résurrection de Lazare*, par J.-B. Corneille. Dans une chapelle du XV° s., est encastrée une croix romane en pierre avec inscription. — L'*église Saint-André*, reconstruite de nos jours dans le style roman du XII° s., est surmontée d'une tour à 3 étages que termine une flèche élevée. — L'*église Saint-Thomas* est moderne (style ogival du XIII° s.).

Hôtel de ville, commencé en 1627, continué, après une longue interruption de travaux, en 1825. Une statue équestre de Louis XIII (1818) décore le fronton, au-dessus duquel s'élève un élégant campanile. — *Palais archiépiscopal* (1498-1509), en partie reconstruit en 1675. Vaste salle richement décorée avec de beaux vitraux, une immense cheminée dans le goût du XV° s., 16 médaillons représentant des archevêques de Reims, et les portraits de 14 rois. Cinq autres vastes pièces du rez-de-chaussée, qui formaient l'appartement du roi, durant les cérémonies du sacre, sont encore, malgré quelques dégradations, d'une beauté et d'une richesse remarquables. Magnifique chapelle ogivale (1250). — *Hôtel-Dieu* (belle chapelle). — *Hôpitaux Saint-Marcoul* (1650) et *de la Charité* (1632). — *Marché couvert* (1840). — *Abattoirs publics* (1838). — *Hôpital général*, où se voit l'ancien réfectoire des Jésuites avec les tableaux qui le décoraient. — *Palais de Justice* (1845), monument décoré de colonnes d'ordre dorique. — On remarque parmi les maisons et les hôtels particuliers : la *maison des Musiciens* (mon. hist.), édifice du XIV° s., restauré au XVI° (façade ornée de cinq statues de grandeur naturelle; à l'intérieur, magnifique pavé en briques émaillées, cheminées sculptées, poutres et plafonds peints); — plusieurs *maisons* du XV° s.; — une charmante *maison* du moyen âge, à peu de distance de la rue Trudaine; — enfin l'*hôtel de Joyeuse* (place de l'Hôtel-de-Ville) et l'*hôtel de Chevreuse* (rue des Gueux). — Plusieurs *hôtels* ont été élevés récemment par de riches négociants de la ville. — Fontaines *des Boucheries* (1753), *Saint-Nicaise* et *Godinot* (1843).

Le *musée* (à l'hôtel de ville) possède quelques tableaux de Berghem, Rembrandt, Poussin, etc., et une collection archéologique (magnifique *cénotaphe* romain *de Jovinus*, général rémois du iv⁰ s.) qui devient chaque jour plus importante. — La *bibliothèque publique* (75,000 vol. et 1,500 manuscrits) contient une foule de pièces rares et de documents très-curieux, un *graduel* de l'abbaye de Saint-Nicaise et les débris du grand candélabre de saint Remi (xii⁰ s.). — Le *chartrier* renferme une collection de titres de la ville, datant du xiii⁰ s.

La *porte* romaine *de Mars* (mon. hist.), remise au jour en 1812, après avoir été assez longtemps enfouie dans les remparts, se compose de 3 arcades décorées de bas-reliefs et de 8 colonnes d'ordre corinthien. Elle menace ruine. — Tout auprès a été découverte, en 1861, une magnifique *mosaïque* romaine (mon. hist.) présentant une surface de 90 mèt. carrés.

Parmi les quatorze places publiques de Reims, on remarque : la *place de l'Hôtel-de-Ville* ; — la *place Royale* : au milieu, *statue* en bronze de *Louis XV*, par Cartellier (1819), accompagnée des statues allégoriques du *Commerce* et de la *France*, dues à Pigalle (1765) ; au fronton de l'ancien *hôtel des Fermes*, qui forme l'un des côtés de la place, belle statue de *Mercure* entouré d'enfants qui rangent des ballots ou portent des raisins à la cuve ; — la *place Drouet-d'Erlon* (statue en bronze du maréchal de ce nom).

Le *Cours* est une belle promenade (1731-1733), qui s'étend de la porte de la Vesle à la porte de Mars. — En face de la gare, a été dessiné un *square*, au centre duquel s'élève, sur un piédestal en marbre, la *statue* en bronze *de Jean-Baptiste Colbert* (1861), né dans une maison de la rue Cérès.

Reims-la-Brûlée, 164 h., c. de Thiéblemont.

Remicourt, 195 h., c. de Dommartin.

Remy (St-), 88 h., c. de Sézanne.

Remy-en-Bouzemont (Saint-), 792 h., ch.-l. de c. de l'arrond. de Vitry-le-François. ⟶ Belle église ogivale. — Château en partie de la Renaissance, en partie moderne.

Fontaine Godinot, à Reims (*V*. p. 74).

Remy-sur-Bussy (Saint-), 432 h., c. de Dommartin. ⟶ Double enceinte de remparts du xvi⁰ s.

Reuil, 376 h., c. de Châtillon.

Reuves, 200 h., c. de Sézanne. ⟶ Belle église. — Ancien château.

Réveillon, 198 h., c. d'Esternay. ⟶ Église du xv⁰ s. — Beau château (1725).

Rieux, 284 h., c. de Montmirail. ⟶ Église du comm. du xiii⁰ s. (monum. hist.) ; chœur d'un style charmant.

Rilly, 1,202 h., c. de Verzy. ⟶ Église romane et du xv⁰ s.

Ripont, 144 h., c. de Ville-sur-Tourbe.

Rivières-Henruel (Les), 155 h., c. de Saint-Remy.

Romain, 458 h., c. de Fismes. ⟶ Église à trois nefs du xi⁰ s. ; pierres tombales. — Calvaire ; Christ en bois fort remarquable.

Romigny, 284 h., c. de Ville-en-Tardenois.

Rosay, 180 h., c. de Heiltz-le-Maurupt.

Rosnay, 533 h., c. de Ville-en-Tardenois.

Rouffy, 87 h., c. de Vertus.

Rouvroy, 159 h., c. de Ville-sur-Tourbe.

Sacy, 374 h., c. de Ville-en-Tardenois. ➡ Belle église du XIIe s.

Sapicourt, 89 h., c. de Ville-en-Tardenois.

Sapignicourt, 203 h., c. de Thiéblemont.

Sarcy, 305 h., c. de Ville-en-Tardenois.

Saron-sur-Aube, 453 h., c. d'Anglure.

Sarry, 569 h., c. de Marson. ➡ Église intéressante du XIIIe s.; chaire provenant de l'abbaye de Saint-Pierre de Châlons.

Saturnin (St-), 193 h., c. d'Anglure.

Saudoy, 573 h., c. de Sézanne.

Savigny-sur-Ardres, 563 h., c. de Ville-en-Tardenois.

Scrupt, 253 h., c. de Thiéblemont.

Selles, 314 h., c. de Beine.

Sept-Saulx, 515 h., c. de Verzy.

Sercy-et-Prin, 592 h., c. de Ville-en-Tardenois. ➡ Ancien château de Maupas.

Sermaize, 2,537 h., c. de Thiéblemont. ➡ Église de la fin du XIIe s., bâtie sur pilotis. — Restes de remparts et d'une forteresse.

Sermiers, 656 h., c. de Verzy. ➡ Église du XIIIe s.; clocher moderne.

Servon-Melzicourt, 695 h., c. de Ville-sur-Tourbe. ➡ Église de la fin du XVIe s., qui paraît avoir été fortifiée; chœur du XIIIe s.; portail orné des figures du Christ et des Apôtres; autels latéraux décorés de cariatides représentant les quatres vertus cardinales; bonnes statues. — Ferme de la Chapelle, du XIVe s.

Sézanne, 4,782 h., ch.-l. de c. de l'arrond. d'Épernay. ➡ Église Saint-Denis (mon. hist.), du XIIIe s.; sur le portail, du XIIe s., tour très-élevée; voûtes hardies; restes de vitraux du XVIe s. — Dans l'hôtel-Dieu, ancien couvent de Récollets, tableaux du frère Luc, émule de Lebrun. — Belles promenades.

Sillery, 462 h., c. de Verzy. ➡ Église des XIIe et XIIIe s.

Sivry-sur-Ante, 335 h., c. de Dommartin.

Sogny-aux-Moulins, 97 h., c. d'Écury.

Sogny-en-l'Angle, 188 h., c. de Heiltz-le-Maurupt.

Soigny, 79 h., c. de Montmirail. ➡ Ancien château converti en ferme.

Soilly, 280 h., c. de Dormans.

Soizy-aux-Bois, 220 h., c. de Montmirail.

Somme-Bionne, 143 h., c. de Sainte-Ménehould. ➡ Dans l'église, chapiteaux du XIIIe s. — Dans la maison d'école, cheminée du XVe s.

Somme-Py, 926 h., c. de Ville-sur-Tourbe. ➡ Église (mon. hist.) du XIIIe s.; sur le portail du N. (XVIe s.), sculptures curieuses, notamment les sept péchés capitaux; à l'intérieur, piliers garnis de jolis chapiteaux portant un riche dais du XVe s.; chapiteau représentant la Danse des morts.

Sommesous, 482 h., c. de Sompuis.

Somme-Suippe, 725 h., c. de Sainte-Ménehould. ➡ L'église (flèche ornée de 4 clochetons) forme trois nefs de cinq travées dont les voûtes sont remplacées par un plafond de la Renaissance. — La grande nef, remaniée au XVIe s., a des fenêtres fort belles; le chœur est du XIIIe s., et les autres parties du XIVe et du XVe.

Somme-Tourbe, 229 h., c. de Sainte-Ménehould.

Somme-Vesle, 351 h., c. de Marson.

Somme-Yèvre, 322 h., c. de Dommartin. ➡ Église du XIVe s., à trois nefs et transsept, soutenue par de grosses colonnes sans chapiteaux.

Sompuis, 458 h., ch.-l. de c. de l'arrond. de Vitry-le-François. ➡ Tumulus. — Restes de remparts.

Somsois, 458 h., c. de Sompuis. ➡ Belle église ogivale de la fin du XIIe s., presque entièrement remaniée au XVIe s.; portail remarquable, quoique bien mutilé. A l'intérieur, curieuses sculptures, statues du XVIe s., tableaux sur bois et restes de boiseries. — Château du XVIe s.

Songy, 560 h., c. de Vitry-le-François.
Souain, 723 h., c. de Ville-sur-Tourbe. ⟶ Église des XIIIᵉ et XIVᵉ s.; crédence du xvᵉ s. — Remparts du XVIᵉ s.
Soudé-Notre-Dame ou **le-Petit,** 74 h., c. de Sompuis. ⟶ Église entourée d'anciens remparts.
Soudé-Sainte-Croix ou **le-Grand,** 503 h., c. de Sompuis. ⟶ Église du XIIᵉ s.; caveau des anciens seigneurs. — Ancien château.
Soudron, 518 h., c. d'Écury. ⟶ Église ogivale; maître-autel décoré d'un beau retable; voûtes sculptées dont les clefs portent les armoiries des princes de Gondi.
Soulanges, 227 h., c. de Vitry-le-François.
Soulières, 196 h., c. de Vertus. ⟶ Église du xvᵉ s.
Souplet (Saint-), 479 h., c. de Beine. ⟶ Église du XIIIᵉ s.
Suippes, 2,286 h., ch.-l. de c. de l'arrond. de Châlons, dans une plaine immense, sur la Suippe. ⟶ Tombelle gallo-romaine. — Belle église de la fin du XIIᵉ s., restaurée. — Restes de remparts du temps de la Ligue.
Suizy-le-Franc, 251 h., c. de Montmort.
Tahure, 218 h., c. de Ville-sur-Tourbe. ⟶ Église du XIVᵉ s.; chapiteaux curieux.
Taissy, 505 h., 5ᵉ c. de Reims.
Tauxières, 241 h., c. d'Ay.
Thaas, 137 h., c. de Fère-Champenoise.
Thibie, 265 h., c. d'Écury. ⟶ Église intéressante du XIIᵉ s.
Thiéblemont-Farémont, 567 h., ch.-l. de c. de l'arrond. de Vitry.
Thierry (Saint-), 352 h., c. de Bourgogne. ⟶ Ancien château des archevêques de Reims, restauré au XVIIIᵉ s.; beaux jardins.
Thil, 245 h., c. de Bourgogne.
Thillois, 198 h., c. de Reims.
Thomas (Saint-), 184 h., c. de Ville-sur-Tourbe. ⟶ Église moderne; fonts baptismaux romans.
Thoult-Trosnay (Le), 291 h., c. de Montmirail. ⟶ Église romane.
Thuisy, 255 h., c. de Verzy. ⟶ Église du XIIᵉ s.; tombe du xvᵉ s.

Tilloy-et-Bellay, 228 h., c. de Dommartin. ⟶ Église : transsept de chœur du XIVᵉ s.
Tinqueux, 452 h., 1ᵉʳ c. de Reims.
Togny-aux-Bœufs, 331 h., c. d'Écury.
Toulon, 76 h., c. de Vertus.
Tours-sur-Marne, 875 h., c. d'Ay. ⟶ Très-belle église du XIIIᵉ s., récemment rebâtie sur le même plan.
Tramery, 183 h., c. de Ville-en-Tardenois.
Trécon, 108 h., c. de Vertus.
Tréfols, 291 h., c. de Montmirail. ⟶ Ancienne église Saint-Médard ou Saint-Caprais; beau pendentif; pierres tombales. — Ruines de la commanderie et du château de Doussigny, flanqués de tourelles.
Trépail, 619 h., c. de Verzy. ⟶ Église du XIIᵉ et du XIIIᵉ s.; inscription tumulaire de 1514. — Belle fontaine. — Grotte.
Treslon, 175 h., c. de Ville-en-Tardenois. ⟶ Fontaine des Fées.
Trigny, 759 h., c. de Fismes. ⟶ Église des XIᵉ et xvᵉ s.
Trois-Fontaines, 191 h., c. de Thiéblemont. ⟶ De l'ancienne abbaye, il reste les ruines de la chapelle et une porte monumentale, devenue porte d'entrée d'un château moderne.
Trois-Puits, 186 h., 5ᵉ c. de Reims.
Troissy, 1,088 h., c. de Dormans. ⟶ Belle église du XVIᵉ s.; fonts baptismaux, bénitier et chaire du xvᵉ s.
Unchair, 209 h., c. de Fismes. ⟶ Église des XIIᵉ, XIIIᵉ et XIVᵉ s.; pierres tombales.
Utin (St-), 144 h., c. de Sompuis.
Vadenay, 276 h., c. de Suippes.
Valmy, 414 h., c. de Sainte-Ménehould. ⟶ Entre le mont d'Orval et le mont d'Yvron, pyramide élevée en 1819 en souvenir de la bataille de 1792 : c'est là qu'est déposé le cœur de Kellermann, héros de cette journée.
Vanault-le-Châtel, 521 h., c. de Heiltz-le-Maurupt. ⟶ Dans l'église statuette de saint Jean en marbre.
Vanault-les-Dames, 518 h., c. de Heiltz-le-Maurupt.
Vandières, 584 h., c. de Châtillon. ⟶ Église à porche roman.

Varimont, 106 h., c. de Dommartin.
Vassimont-et-Chapelaine, 156 h., c. de Fère-Champenoise.
Vatry, 126 h., c. d'Écury.
Vauchamps, 538 h., c. de Montmirail.
Vauciennes, 271 h., c. d'Épernay ⟶ Restes du château de Camoi .
Vauclerc, 147 h., c. de Thiéblemont.
Vaudemanges, 180 h., c. de Suippes.
Vaudésincourt, 235 h., c. de Beine.
Vavray-le-Grand, 311 h., c. de Heiltz-le-Maurupt.
Vavray-le-Petit, 135 h., c. de Heiltz-le-Maurupt.
Vélye, 164 h., c. de Vertus.
Vendeuil, 201 h., c. de Fismes. ⟶ Joli château; beaux jardins.
Ventelay, 432 h., c. de Fismes. ⟶ Église cruciforme; nef du XIe s.; élégante abside ogivale.
Venteuil, 954 h., c. d'Épernay. ⟶ Caves creusées dans la craie.
Verday, 151 h., c. de Sézanne. ⟶ Ruines d'un château fort.
Verdon, 423 h., c. de Montmirail.
Vernancourt, 222 h., c. de Heiltz-le-Maurupt.
Verneuil, 1,107 h., c. de Dormans.
Verrières, 770 h., c. de Sainte-Ménehould. ⟶ Église à trois nefs; chœur et transsept du XVe s.; tour et portail de la Renaissance.
Vert-la-Gravelle, 419 h., c. de Vertus. ⟶ Ancien château converti en ferme.
Vertus, 2,529 h., ch.-l. de c. de l'arrond. de Châlons. ⟶ Église du XVe s. (mon. hist.), récemment restaurée; crypte curieuse à trois compartiments avec statues et pierres tumulaires. — Porte, seul reste des fortifications.
Verzenay, 1,643 h., c. de Verzy. ⟶ Église de 1786-1789; statue de saint Colomban; tombeau roman.
Verzy, 1,201 h., ch.-l. de c. de l'arrond. de Reims, sur la Montagne de Reims, au-dessus de la plaine de Vesle.
Vésigneul-sur-Coole, 90 h., c. d'Écury. ⟶ Tombelle elliptique dite tombeau d'Attila, haute de 15 mèt.
Vésigneul-sur-Marne, 207 h., c. de Marson.

Veuve (La), 543 h., c. de Châlons.
Vézier (Le), 297 h., c. de Montmirail.
Vieil-Dampierre (Le), 239 h., c. de Dommartin. ⟶ Restes d'un ancien château, sur une motte féodale. — Château de Boncourt.
Vienne-la-Ville, 470 h., c. de Ville-sur-Tourbe.
Vienne-le-Château, 1,816 h., c. de Ville-sur-Tourbe. ⟶ Ermitage Saint-Roch. — Dans l'église, jolie crédence du XVe s. — Maison en bois à pignon du XVIe s.
Ville-en-Selve, 242 h., c. de Verzy. ⟶ Église romane.
Ville-en-Tardenois, 511 h., ch.-l. de c. de l'arrond. de Reims.
Ville-sous-Orbais (La), 127 h., c. de Montmort.
Ville-sur-Tourbe, 560 h., ch.-l. de c. de l'arr. de Ste-Ménehould. ⟶ Restes d'un château de la famille de Joyeuse. — Belle église ogivale moderne.
Villedomange, 418 h., c. de Ville-en-Tardenois. ⟶ Chapelle St-Lié, du XVe s.; beaux vitraux du XVIe s.
Villeneuve-la-Lionne, 431 h., c. d'Esternay. ⟶ Église du XIIIe s. — Ancien château de Montmiton. — Deux manoirs.
Villeneuve-lès-Charleville (La), 243 h., c. de Montmirail. ⟶ Dans l'église, tombeau en marbre.
Villeneuve-Renneville-Chevigny, 277 h., c. de Vertus. ⟶ Église romane.
Villeneuve-Saint-Vistre-Villevotte, 250 h., c. de Sézanne.
Villers-Allerand, 696 h., c. de Verzy. ⟶ Église romane.
Villers-au-Bois, 252 h., c. d'Avize.
Villers-aux-Corneilles, 143 h., c. d'Écury. ⟶ Église romane du XIIe s., nouvellement restaurée. — Château du XVIe s.; quatre tourelles; beau parc.
Villers-aux-Nœuds, 155 h., c. de Verzy.
Villers-en-Argonne, 503 h., c. de Sainte-Ménehould. ⟶ Belle église du XVe s.
Villers-Franqueux, 385 h., c. de Bourgogne. ⟶ Église ancienne; vitraux de 1551.
Villers-le-Sec, 319 h., c. de Heiltz-le-Maurupt.

DICTIONNAIRE DES COMMUNES.

Villers-Marmery, 722 h., c. de Verzy.

Villers-sous-Châtillon, 524 h., c. de Châtillon.

Villeseneux, 224 h., c. de Vertus.

Villevenard, 402 h., c. de Montmort. ⟶ Église; clocher roman octogonal.

Villiers-aux-Corneilles, 155 h., c. d'Anglure.

Vinay, 386 h., c. d'Épernay. ⟶ Église du XII° s.; clocher roman; fonts baptismaux sculptés et bonne statue de femme en bois peint. — Sur le flanc d'une colline élevée, roche remarquable où s'ouvre une grotte habitée autrefois, dit-on, par des ermites et appelée Pierre de Saint-Mamers. — Source de Saint-Mamers, pèlerinage.

Vincelles, 527 h., c. de Dormans.

Vindey, 245 h., c. de Sézanne.

Virginy, 368 h., c. de Ville-sur-Tourbe. ⟶ Église du XII° s., qui paraît avoir été fortifiée; trois nefs romanes; chœur du XVI° s.

Vitry-en-Perthois, 722 h., c. de Vitry-le-François. ⟶ Restes d'un ouvrage romain appelé le camp de Louvières, avec fossés et retranchements en terre. — Belle église flamboyante, mutilée en 1544. — Croix de l'Abbaye, du XIV° s. — De l'abbaye de Saint-Jacques, il ne reste que les écuries. — Ruines de la chapelle du prieuré de Sainte-Geneviève.

Vitry-la-Ville, 216 h., c. d'Écury. ⟶ Ancien château entouré de fossés; jardins dessinés par Le Nôtre; collection remarquable d'ornithologie. — Église ogivale.

Vitry-le-François, 7,616 h., ch.-l. d'arrond., sur la Marne, au point où commence le canal Latéral. ⟶ Vitry, construit par François Ier (1545), après

Vitry-le-François.

l'incendie de Vitry-en-Perthois, prit le nom et la devise de son fondateur. — L'*église Notre-Dame*, bâtie de 1629 à 1670, est surmontée de deux tours (pierres tombales de 1590). — L'*hôtel de ville* est un ancien couvent de Récollets. — *Porte du pont.* — *Halle* fort ancienne. — Vaste *caserne*. — *Place d'Armes* plantée de tilleuls et ornée d'une *fontaine* en bronze que surmonte la statue de la Marne. — *Statue* en bronze de Royer-Collard.

Voilemont, 149 h., c. de Sainte-Menehould. ⇒ Dans l'église, beaux vitraux du xvi° s.

Voipreux, 144 h., c. de Vertus. ⇒ Église du xii° s.

Vouarces, 156 h., c. d'Anglure.

Vouciennes, 49 h., c. d'Écury.

Vouillers, 193 h., c. de Thiéblemont.

Vouzy, 216 h., c. de Vertus.

Vrain (Saint-), 283 h., c. de Thiéblemont.

Vraux, 397 h., c. de Châlons. ⇒ Église Saint-Laurent, du comm. du ii° s.; transsept du xvi° s.

Vrigny, 202 h., c. de Ville-en-Tardenois.

Vroil, 425 h., c. de Heiltz-le-Maurupt. ⇒ Église du xii° s. — Belle fontaine voûtée.

Wargemoulin, 79 h., c. de Ville-sur-Tourbe.

Warmériville, 1,946 h., c. de Bourgogne.

Witry-lès-Reims, 1,259 h., c. de Bourgogne. ⇒ Église du xii° s.

Wuez, 182 h., c. de Verzy.

MARNE

LIBRAIRIE HACHETTE ET Cie

A PARIS, BOULEVARD SAINT-GERMAIN, 79

NOUVELLE COLLECTION DES GÉOGRAPHIES DÉPARTEMENTALES
PAR AD. JOANNE
FORMAT IN-12 CARTONNÉ

Prix de chaque volume . . . . 1 fr.

(*Août 1880*)

68 départements sont en vente

EN VENTE

Département	Gravures	Carte	Département	Gravures	Carte
Ain	14 gravures,	1 carte	Indre-et-Loire	21 gravures,	1 carte
Aisne	20	1	Isère	10	1
Allier	27	1	Jura	12	1
Alpes-Maritimes	15	1	Landes	11	1
Ardèche	12	1	Loir-et-Cher	15	1
Ariége	8	1	Loire	16	1
Aube	14	1	Loire-Inférieure	18	1
Aude	9	1	Loiret	22	1
Basses-Alpes	10	1	Lot	8	1
Bouch.-du Rhône	24	1	Maine-et-Loire	22	1
Calvados	11	1	Manche	15	1
Cantal	14	1	Marne	12	1
Charente	15	1	Meurthe	31	1
Charente-Infér.	14	1	Morbihan	15	1
Corrèze	11	1	Nièvre	9	1
Corse	11	1	Nord	17	1
Côte-d'Or	21	1	Oise	10	1
Côtes-du-Nord	10	1	Pas-de-Calais	9	1
Deux-Sèvres	14	1	Puy-de-Dôme	16	1
Dordogne	14	1	Pyrén.-Orient.	15	1
Doubs	15	1	Rhône	19	1
Drôme	15	1	Saône-et-Loire	25	1
Finistère	16	1	Savoie	14	1
Gard	12	1	Seine-et-Marne	15	1
Gers	11	1	Seine-et-Oise	17	1
Gironde	15	1	Seine-Inférieure	15	1
Haute-Garonne	12	1	Somme	12	1
Haute-Saône	12	1	Tarn	11	1
Haute-Savoie	19	1	Var	12	1
Haute-Vienne	10	1	Vaucluse	16	1
Hautes-Alpes	18	1	Vendée	14	1
Hautes-Pyrénées	14	1	Vienne	15	1
Ille-et-Vilaine	14	1	Vosges	17	1
Indre	22	1	Yonne	17	1

ATLAS DE LA FRANCE
CONTENANT 95 CARTES

(1 Carte générale de la France, 89 cartes départementales, 1 carte de l'Algérie et 4 cartes des Colonies)

1 beau volume in-folio, cartonné : 40 fr.

1111. — IMPRIMERIE A. LAHURE, RUE DE FLEURUS, 9, A PARIS.

www.ingramcontent.com/pod-product-compliance
Lightning Source LLC
LaVergne TN
LVHW050623090426
835512LV00008B/1632